AF462095

LA LOI MORALE

LOI DE L'UNANIMITÉ

Paris. — Imprimerie d'Ad. Delcambre et Comp., rue Breda, 15.

LA LOI MORALE

LOI DE L'UNANIMITÉ

PAR PIERRE-NAPOLÉON DOMENJARIE

Ouvrier tailleur

PARIS

LIBRAIRIE DE GUILLAUMIN ET Ce

ÉDITEURS DE LA COLLECTION DES PRINCIPAUX ÉCONOMISTES

DU DICTIONNAIRE DE L'ÉCONOMIE POLITIQUE, ETC.,

Rue Richelieu, 14

ET CHEZ L'AUTEUR

RUE DE VERNEUIL, 48, FAUBOURG SAINT-GERMAIN.

1854

LA LOI MORALE

LOI DE L'UNANIMITÉ

C'est une idée que je soumets à l'examen de mes semblables ; mon ignorance et ma position ne me permettent pas, pour le moment, d'y donner plus de développement. Ceux ou celles qui auront le courage de lire cet écrit, malgré la répugnance que peut en inspirer la forme, y trouveront, j'en ai l'espérance, une idée qui pourra en faire naître d'autres.

La vérité est une, elle est absolue, éternelle, inaltérable, de tous les temps et de tous les pays.

Elle est en nous, elle existe chez l'être humain (1) au même degré, elle est le mobile de toutes nos actions, l'essence de notre être et de notre conservation. Elle est le principe unique, supérieur, qui domine tous les êtres et sans lequel l'espèce périrait.

(1) Voulant donner à la loi sociale le caractère de vérité et d'unanimité sans lequel il y a dans la société des tuteurs et des mineurs, voulant réhabiliter cette moitié du genre humain, la *femme*, qui a été traitée en mineure jusqu'ici, j'ai cru devoir choisir un mot pour rendre ma pensée. Ce mot c'est *l'être humain* qui, à mon sens, serait applicable à la femme aussi bien qu'à l'homme. Le mot *homme* désigne le genre et ne désigne pas l'espèce. Dans ma pensée, cela ne s'applique pas seulement, comme la tradition et l'habitude pourraient le faire supposer, à tous les hommes, mais aussi à toutes les femmes. Je sais que cette pensée de vouloir réhabiliter cette moitié du genre humain, la *femme*, soulèvera, de prime abord, quelques objections. Cela étant contraire aux idées reçues, il paraitra étrange, excentrique, de vouloir faire concourir la femme à la confection des institutions sociales; elle qui, jusqu'ici, a été mise hors la loi, déclarée mineure, par elle, incapable. A cela, je puis dire que la femme n'a pas été seule déclarée incapable et mineure; mais que, pendant des milliers d'années, l'exercice du droit politique ayant été un privilége et non un droit, la femme devait être d'autant plus incapable que tout était basé sur la force et sur la conquête.

Mais d'après notre idée, où tout doit être fondé sur le travail, la raison, l'amour, la justice, la femme rentre naturellement dans l'exercice de ses droits.

(*Note de l'Auteur*)

L'être humain la recherche avec une activité infatigable ; tous ses travaux, tous ses efforts n'ont pour but que de la formuler, d'en jouir dans toute sa grandeur et sa simplicité. L'humanité atteindra ce but, qui est sa destinée et qui sera son bonheur.

Mais avant de formuler la vérité, avant qu'elle devienne la base de la société et de l'éducation, l'être humain passe par une multitude d'erreurs, conséquence fatale de son ignorance primitive; non qu'il se trompe sur le but qu'il doit atteindre, un jour, mais bien sur les moyens de le réaliser.

Avant de pouvoir formuler la vérité, l'être humain la possède à l'état d'instinct, d'intuition, d'aspiration. Du jour où sa formule apparaîtra, elle se réalisera dans les faits, la face du monde changera, l'humanité gravitera, constamment, vers le bonheur, car elle possédera la boussole, le moyen infaillible, le critérium à l'aide duquel elle ne fera plus fausse route.

De ce jour s'ouvrira une ère inconnue à nos pères; nous aurons vaincu l'ignorance, la misère. La conscience sera dans une quiétude parfaite, car la contradiction et le doute auront disparu.

La vérité est comme la lumière, elle est sensible, bienfaisante, accessible à tous et à toutes. Il suffit de l'énoncer pour que chacun la reconnaisse, la proclame, l'aime. Chaque être humain s'éclaire à sa divine lumière, se réchauffe à sa chaleur féconde. Semblable au soleil, elle dissipe les nuages et les ténèbres ; elle donne la vie et la joie. Devant elle disparaîtront les préjugés, l'ignorance, l'intolérance, la misère.

La vérité n'est pas l'apanage, le privilége, le monopole d'un seul, de quelques-uns, d'une majorité. Elle est le patrimoine, l'héritage de tous et de toutes, elle n'est pas le produit du hasard, du nombre, d'une caste, elle est du domaine commun. Elle n'est pas contestée par celui-ci, accueillie par celui-là, elle est la vérité pour tous, elle se fait aimer, chérir de tous et de toutes. Les savants, d'un point du monde à l'autre, ne proclament pas une vérité par le nombre de voix qu'elle réunit, ils la démontrent. La démonstration faite, nul ne pouvant la nier elle est la loi, non de quelques-uns, d'une majorité, mais de tous les savants, ***Chrétiens*** ou ***Musulmans***, ***Juifs*** ou ***Païens***. C'est la loi de la science, la loi de Galilée, de *Newton*, la loi de l'unanimité !

De même qu'il n'y a qu'une vérité, qu'une loi, il n'y a qu'un principe, ou, plutôt, principe et vérité ne sont qu'une seule et même chose. La tradition basée sur deux principes : ***Dieu*** et *Satan*, le bien et le mal, la matière et l'esprit, l'autorité et la liberté, est une erreur causée par l'ignorance primitive.

Cette erreur a causé des maux incalculables à l'humanité et sa puissance a contribué à retarder le progrès. Il est étrange, surprenant, que des hommes aient discuté pendant des milliers d'années, et qu'ils discutent encore sur une proposition aussi fausse, car si l'on fait tant que d'admettre qu'il y a deux principes, la raison s'égare dans un labyrinthe d'où elle ne peut plus sortir. Je vais essayer de le démontrer en posant la question.

Je me demande : Qu'est-ce qu'un principe? Le Dictionnaire me répond : Source, origine, essence. Or d'essence, d'origine, de source, ma raison ne peut en admettre qu'une, par le motif bien simple que si j'en admets deux, j'admets l'antagonisme, la lutte, la contradiction et le chaos.

Si j'admets deux principes, c'est qu'ils ont une force égale, une même raison d'être, une même puissance, des raisons pour et contre et, partant, la lutte est éternelle, la discussion sans fin. Il en résulte l'ignorance, l'intolérance dans toutes les sectes, les religions, les nations, les partis. Chacun croyant posséder la vérité voudra l'imposer à son tour. Je le demande à tout être sensé, n'est-ce pas l'histoire du passé, n'est-ce pas l'histoire du présent? Intolérance! Intolérance! l'histoire du genre humain est dans ce mot. La vie d'un homme ne suffirait pas à décrire toutes les formes qu'a prises cette erreur, à compter les larmes et le sang qu'elle a fait couler.

Je me propose de dire comment cette erreur

a pu prendre naissance, comment elle s'est accréditée. Mais, avant, je vais examiner quelques-unes des dénominations qu'on lui a données et voir ce qu'il y a de solide et de rationnel dans ces dénominations. La Genèse nous dit : Dieu créa le ciel et la terre, les plantes, les animaux, l'homme. Si je demande : Qu'est-ce que Dieu ? Le catéchisme me répond : Dieu c'est le créateur de toutes choses. Cette réponse ne répond pas du tout à ma demande. Je veux savoir ce que l'on entend par ce mot Dieu et l'on me répond : Il a fait telle chose. On me dit : Voilà son œuvre. Cela ne me fait pas connaître Dieu. Si j'insiste, l'on me ferme la bouche avec ce mot : C'est un mystère impénétrable, il faut croire. Je réponds : Ma raison n'admet que ce qui lui est démontré ; jusqu'ici vous ne m'avez pas démontré Dieu. Je prends ce texte sublime de l'Evangile qui me console et me fortifie : Cherchez, vous trouverez. Merci, préceptes de ma raison ! Je travaillerai, j'examinerai, et j'ai l'espérance que les efforts de mes semblables et les miens nous feront connaître un jour la vérité. Jusque là, je proposerai, en toute humilité, mes croyances ou mes doutes, et loin de vouloir les imposer, je ferai mon profit des raisons pour et contre, qui me seront données. Jusque là j'examinerai ce que vous me dites et je le rejetterai s'il n'est pas conforme à ma raison. Mais voyons, non pas votre Dieu, puisque vous me dites que c'est un mystère impénétrable, mais les attributs que vous lui donnez. Dieu, dites-vous, est un pur esprit. Je ne comprends pas, ma raison et mes sens ne comprennent et ne voient que la matière. Mais, dites-vous, la pensée est immatérielle. Si je vous demande de m'en fournir la preuve, vous me répondez que la pensée est immatérielle parce qu'elle échappe à mes sens. A cela je réponds : Des milliers d'insectes échappent à ma vue et le microscope me les fait voir ; l'air, l'électricité, le magnétisme échappent à ma vue et frappent mes sens.

La pensée immatérielle à ma vue est très-matérielle pour le somnambule qui y lit aussi sûrement qu'un homme en état de veille lit dans un livre. Cette expérience que des millions d'exemples attestent et que chacun peut faire, est une preuve irrévocable de la matérialité de la pensée. Je ne puis donc dire : Esprit et matière, je dis : Tout est matière.

Dieu, dites-vous, est tout-puissant, c'est la bonté, la justice, la mansuétude, l'amour, l'ordre, la vérité. Dieu est tout-puissant, il peut le bien et il le veut, et cependant le mal est.

D'où vient le mal? De Satan. Qui produit Satan? Le péché. Voilà l'antagonisme, voilà la contradiction. Voilà deux puissances en lutte, à qui la victoire? Jusqu'ici Satan est vainqueur, le mal déborde la mesure. Dieu est tout-puissant, il peut le bien, il le veut et il ne le peut. Satan veut le mal, il le peut et le mal l'emporte sur le bien. Satan est plus puissant que Dieu. Faut-il, ô mes contemporains! se mettre du côté du plus fort? Ma raison, ma conscience répugnent au mal, à Satan; ma raison, ma conscience aiment le bien, le beau et le bon. Satan, tu n'es pas un principe, tu n'es qu'une erreur, la Vérité aura raison de toi.

LA LIBERTÉ, L'AUTORITÉ.

M. de Girardin a dit : « Deux puissances se disputent l'empire du monde : l'autorité, la liberté.

« L'autorité qui n'est pas absolue n'est pas l'autorité. C'est la lutte qui se prépare, c'est le feu qui couve.

« La liberté qui n'est pas absolue n'est pas la liberté, c'est l'agitation qui se perpétue, c'est la flamme qui dévore.

« L'Autorité, fille de la Force, se fonde par la conquête.

« La Liberté, fille du Travail, se développe par l'épargne.

« L'Autorité s'assied immobile sur la Foi.

« La Liberté marche appuyée sur l'Examen.

« L'Autorité proclame le mal et le contient.

« La Liberté proclame le bien et l'étend.

« L'Autorité favorise l'Ignorance.

« La Liberté encourage la Science.

« L'Autorité encourage l'Erreur et poursuit la Vérité.

« La Liberté protége la Vérité et poursuit l'Erreur.

« L'Autorité est une invention de l'homme.

« La Liberté est un présent de Dieu.

« L'Autorité est une usurpation.

« La Liberté est une revendication.

« Entre l'autorité et la liberté il faut choisir ; c'est vainement qu'on s'efforcerait plus longtemps de les allier, chimérique entreprise. Les deux principes sont incompatibles ; ce que l'un cherche à édifier, l'autre s'exerce à le détruire ; ce que celui-ci étaie, celui-là le mine. Ce que l'autorité relève, la liberté le renverse. » (Émile de Girardin, *Abolition de l'autorité par la simplification du gouvernement.*)

Les conclusions de l'éminent publiciste sont d'une logique rigoureuse, mais M. de Girardin ne s'est pas aperçu que son raisonnement pèche par la base, en admettant deux principes. Car, comme je l'ai dit déjà, s'il existe deux principes, ils ont une raison d'être, égale ; ils existent aux mêmes titres, ils sont nécessaires, inévitables, indispensables.

Cette contradiction, chez un homme du talent de M. de Girardin et tant d'écrivains célèbres, atteste la puissance de la tradition, de l'éducation sur l'entendement humain et nous prouve que l'on doit se préserver de la tentation de propager ce qui n'est pas rigoureusement démontré.

L'Autorité, fille de la Force, se fonde par la conquête, dites-vous. Or, la conquête est-elle un principe? La force n'est-elle jamais déplacée? Et, alors, même, que la force serait inaltérable, la force est-ce le droit, la raison, la vérité? Non, dites-vous, la force, c'est la violence.

La violence est-elle un principe? Je réponds : Non. C'est un accident susceptible de plus ou de moins, destiné à disparaître aux rayons de la science, de la raison, de la vérité.

La force n'est pas, ne saurait être un principe; le vainqueur de la veille peut être vaincu le lendemain, et l'Évangile me dit que quiconque se servira de l'épée périra par l'épée.

M. de Girardin dit encore : « Je reconnais l'autorité maternelle, je reconnais l'autorité paternelle, etc. »

Je fais observer à M. de Girardin, avec toute la déférence que je dois à son talent, qu'ici, encore, son opinion n'est pas solide. Le père n'exerce pas d'autorité sur son enfant, car l'autorité, d'après M. de Girardin, c'est la violence, l'oppression. Or, la mission du père, pour son enfant, est toute de tendresse, de mansuétude, d'amour; au lieu de l'opprimer, de l'amoindrir, il cherche, par tous les moyens possibles, à le rendre heureux. La vie du père et de la mère est tout entière consacrée au bonheur de leur enfant, ils exercent, auprès de celui qui leur est si cher, une tutelle intelligente, active, toute de dévouement. La raison encore débile de l'enfant ne permet pas que le père et la mère le consultent, même sur ses propres besoins; ils agissent et pensent pour lui. Mais, cette tutelle est momentanée, la nature elle-même en a marqué le terme à la majorité de l'enfant. De cet instant, la physionomie de la famille change d'aspect, l'enfant devenu majeur rentre dans la plénitude de sa liberté, et s'il reste avec la famille, c'est du consentement réciproque. Or, dès que la famille est transformée en une petite république où chacun délibère sur la chose commune, il n'y a point là l'autorité, mais bien la liberté, la délibération, le consentement de tous.

S'il est vrai, comme je crois l'avoir démontré, que l'autorité n'existe pas même dans la famille, j'en conclus qu'elle n'a aucune raison d'être dans la société ; que l'autorité n'est pas un principe, mais un fait destiné à disparaître comme l'esclavage, le servage, comme le prolétariat et l'inégalité de la femme qui doivent faire place à l'égalité, à la liberté.

J.-J. Rousseau dit, page 1 du *Contrat Social:*

« Je veux chercher si dans l'ordre civil il peut y avoir quelques règles d'administration légitime et sûre en prenant les hommes tels qu'ils sont et les lois telles qu'elles peuvent être ; je tâcherai d'allier toujours dans cette recherche ce que le droit permet avec ce que l'intérêt prescrit, afin que la justice et l'utilité ne se trouvent point divisés. »

A l'exemple de cet homme de bien, qui mit sa plume au service de la vérité et dont j'écris le nom avec respect et reconnaissance pour les services que ses écrits ont rendus à l'humanité et pour ceux, plus grands encore, qu'ils rendront à mesure qu'ils seront mieux compris, je veux chercher s'il n'existe pas, pour l'être humain, une loi morale, immuable et éternelle, qui puisse servir de phare, de boussole, de critérium, pour le diriger sûrement et le faire graviter librement, vers la perfection, le bonheur, but constant de nos efforts, aspiration de tous nos instants et essence de notre destinée.

Semblable au médecin prudent, avant de proposer le remède aux douleurs de mes semblables, j'indiquerai le mal, j'en chercherai la cause. Je la dirai en toute humilité, mais en toute liberté, ne consultant que ma conscience, mon droit et mon devoir. Si, à cause de mon ignorance, il m'arrive, dans cet écrit, de dire quelque chose de pénible et qui choque quelqu'un, je supplie le lecteur de ne pas le prendre en mauvaise part, n'ayant pour mes semblables que la charité que nos communes misères m'inspirent et, dans mon cœur, que l'amour de l'ordre, de la conciliation, de la paix.

Se proposer de chercher la loi morale en vertu de laquelle l'humanité gravitera sûrement et librement vers sa destinée, c'est accuser les institutions du passé, du présent, constater les erreurs qui ont causé les perturbations sociales. Si nous examinons tous les moyens de répression dont les gouvernements disposent pour protéger la sécurité, l'ordre social, nous restons convaincus qu'une société, qui a besoin, pour se soutenir, de tout cet appareil ruineux, ne repose pas sur la vérité ; que cette société est dans une ignorance complète de la loi naturelle, laquelle puise sa force dans la démonstration et le consentement universel, sans lequel il n'y a que contrainte, oppression.

Pour se préserver de l'arbitraire, de la tyrannie, la société a compris qu'il fallait, de tout temps, pour vivre en société et pour se protéger mutuellement, des préceptes ou règles de justice auxquels on a donné le nom de lois. Les gouvernants, eux-mêmes, pour légitimer leurs pouvoirs et les rendre durables, ont reconnu cette nécessité et ils se sont réservé, à cet effet, le droit de donner des lois et de les faire exécuter. De là il est résulté diverses formes de gouvernement selon les temps, les pays, le tempérament, l'intelligence et la sagesse des rois ou des magistrats.

Parmi les diverses formes de gouvernement ayant tous une même origine et un même but, il en est trois qui frappent plus particulièrement l'observateur. Le gouvernement absolu ou d'un seul réunissant la puissance de faire les lois et de les faire exécuter.

Le gouvernement tempéré, constitutionnel, se composant des plus riches d'une nation. Enfin le gouvernement républicain, démocratique, où tous les citoyens participent à la chose commune.

L'objet que se proposent ces divers gouvernements est le même, faire les lois et les faire exécuter.

Je me propose de démontrer que la méthode employée, jusqu'ici, pour faire les lois est vicieuse, et partant, que les lois qui en découlent, sont frappées de la même imperfection, des mêmes vices.

DE LA LOI D'UN SEUL OU DU GOUVERNEMENT ABSOLU.

Un homme, quel qu'il soit, ne possède qu'une faible quantité des connaissances, de la sagesse, qui se trouvent réunies dans l'universalité. Cet homme, sujet à l'erreur, sujet à mille infirmités, ayant le plus souvent ou croyant avoir des intérêts opposés à la nation qu'il gouverne, se croyant d'une nature supérieure à ceux qu'il nomme ses sujets, donne des ordres, fait des lois, les impose à la société. Sont-elles absurdes, iniques, il faut s'y conformer, c'est la loi ; le maître le veut, inclinons-nous. Cet homme est-il un idiot, un débauché, un avare, un fourbe ou un monstre, c'est le roi. Nous sommes des sujets, obéissons.

L'histoire nous enseigne que pour un prince intelligent et sage qui paraît à de rares intervalles, il faut passer par une filière de tyrans incapables.

En voilà beaucoup trop pour constater un vice dont le temps et la civilisation ont fait justice, et sur lequel aujourd'hui nous sommes tous édifiés. Si nous pressions un peu cette question, que nous effleurons à peine, nous verrions que le gouvernement personnel est non-seulement absurde, mais impossible, qu'il n'a jamais existé que de nom. En effet, le roi reçoit comme les simples mortels le peu de lumière, de savoir qui réside dans l'universalité. Il a un conseil, comme Charlemagne avait ses douze pairs, comme les rois de France avaient leurs cours de justice.

Le gouvernement d'un seul est improprement nommé et quand Louis XIV s'écriait, dans son orgueilleux délire, l'Etat c'est moi, le grand roi ne comprenait pas ce qu'il disait, car le roi meurt et l'État reste.

De même que la loi d'un seul, la loi faite par les notables ou les plus riches de la nation, s'impose. Elle a le même caractère d'imperfection, d'exception, de violence. Elle constitue un privilége, un monopole à quelques-uns, au détriment de tous, et engendre une suite inévitable de lois exceptionnelles, ayant toujours pour mobile l'intérêt de caste, et pour résultat de diviser la nation en plusieurs catégories, les unes, vouées éternellement à un affreux paupérisme, à une ignorance crasse, les autres, nageant dans l'abondance et dans l'oisiveté. Cette forme de gouvernement a surtout le défaut, en appelant les riches seuls à la confection des lois, d'exciter la cupidité, l'avidité. Dès l'instant qu'il faut être riche, pour avoir l'honneur d'être compté parmi les législateurs, l'on est peu scrupuleux sur l'origine de la fortune. Le but justifie le moyen, la conscience de l'électeur est une marchandise dévolue, d'avance, au plus fort enchérisseur. C'est le gouvernement le plus inique, le plus propre à corrompre une nation, à tarir le peu de dignité et de vertus qu'un peuple a pu sauver après tant de siècles d'esclavage et de superstition.

L'exemple de l'Angleterre, et le règne de Louis-Philippe, en sont un honteux témoignage.

DU GOUVERNEMENT DÉMOCRATIQUE.

Le gouvernement démocratique, tel qu'il se pratique chez les modernes et qu'il s'est pratiqué en France depuis 1848, fournit contre lui deux objections principales. La première objection, c'est la délégation ou la représentation, qui est l'aliénation, l'anéantissement de la démocratie, de la souveraineté du peuple. La deuxième objection, plus capitale, plus importante, mais peu connue, c'est que la loi n'est pas l'expression de la volonté de tous les délégués, de tous les représentants, mais le produit de la majorité.

Je signalerai : 1° Le vice de la délégation :

Il y a cent ans, bientôt, que l'auteur immortel du *Contrat Social* a défini, avec précision, le sens que l'on doit donner au mot *Loi*, dit de quelle source elle doit émaner pour qu'elle ait un caractère de légitimité. Bien que la démonstration, qu'il en a faite, soit d'une grande simplicité, cette définition a été mal comprise, ou éludée par ceux-là mêmes qui invoquaient, le plus souvent, son témoignage, et qui propageaient plus particulièrement la supériorité de la forme républicaine ou démocratique, qui n'est autre que ce qu'on appelle vulgairement, aujourd'hui, gouvernement de tous, par tous, pour tous. De nos jours, la dénomination de gouvernement direct lui a été donnée par MM. Rittinghausen, et elle a été développée par Victor Considérant, Ledru-Rollin, dans un écrit intitulé : *Plus de Président, plus de Représentants*, et enfin par Proudhon. Les objections les plus importantes contre la délégation ou représentation ayant été faites avec beaucoup de force et d'étendue, dans ces divers écrits, j'en indiquerai quelques-unes seulement en engageant les lecteurs à lire les ouvrages que je viens de citer.

J.-J. Rousseau dit, page 26 du *Contrat Social :*

« Je dis donc que la souveraineté n'étant que l'exercice de la volonté générale, elle ne peut jamais s'aliéner, et que le souverain, qui n'est qu'un être collectif, ne peut être représenté que par lui-même ; le pouvoir peut bien se transmettre, mais non pas la volonté. »

Est-ce clair? est-ce bien la chose de tous, par tous et pour tous? il y a loin de ce raisonnement à celui que tenait M. Michel de Bourges, à la salle Martel, quand il disait : « De quoi vous plaignez-vous ? de ce que les lois ne sont pas bonnes? Qui fait les lois? Ce sont les représentants. Qui nomme les représentants? C'est le peuple. Donc, nommez de bons représentants et vous aurez de bonnes lois! » M. Michel de Bourges se gardait bien de dire, à l'exemple du maître : « Au peuple seul il appartient de faire les lois, car le peuple seul est intéressé à les faire bonnes. »

J.-J. Rousseau, ajoute :

« Par la même raison, la souveraineté est inaliénable, elle est indivisible ; car, la volonté est générale, ou elle ne l'est pas ; elle est celle du peuple, ou seulement d'une partie. Dans le premier cas, cette volonté déclarée est un acte de souveraineté et fait la loi. Dans le deuxième cas, ce n'est qu'une volonté particulière ou un acte de magistrature, c'est un décret tout au plus. Il en résulte que le peuple seul a le droit de faire la loi. Le peuple, c'est-à-dire l'universalité des citoyens qui composent la nation, c'est toujours le gouvernement direct. »

Sur cette idée, on voit à l'instant qu'il ne faut plus demander à qui il appartient de faire les lois, puisqu'elles sont des actes de la volonté générale ; si le prince est au-dessus des lois, puisqu'il est membre de l'Etat ; si la loi peut être injuste, puisque nul n'est injuste envers lui-même ; ni comment on est libre et soumis aux lois, puisqu'elles ne sont que des registres de nos volontés.

Plus loin il dit encore : « Les décemvirs, eux-mêmes, ne s'arrogèrent jamais le droit de faire passer aucune loi de leur seule autorité. Rien de ce que nous vous proposons, disaient-ils au peuple, ne peut passer en loi sans votre consentement. Romains, soyez vous-mêmes les auteurs des lois qui doivent faire votre bonheur. »

Plus loin, au chapitre du Gouvernement en général, il dit :

« Nous avons vu que la puissance législative appartient au peuple et ne peut appartenir qu'à lui. »

Après ces citations il est évident que les républicains modernes ne se sont pas inspirés de l'idée, si lumineuse, si claire, du maître et qu'au nom de démocratie ils n'ont enseigné et pratiqué qu'une monstrueuse dictature; qu'ils ont usurpé sur les droits imprescriptibles du peuple, perpétué la tyrannie sous le manteau de la souveraineté, de la liberté et de l'égalité.

Mais ce qui est plus étonnant encore, c'est que M. Victor Considérant, qui épouse et proclame le gouvernement direct, en attribue l'invention à M. Rittinghausen et qu'il ne fasse aucune mention du livre de Rousseau, qui n'est basé que sur cette idée. O sublime Rousseau! Képler demandait un lecteur dans cent ans, ton livre immortel est écrit depuis un siècle et ceux qui se disent tes disciples ne t'ont pas même compris. M. Victor Considérant s'exprime ainsi dans son livre intitulé : *La Solution ou le Gouvernement direct du peuple.*

Démocratie. — « Le peuple tout entier se gouvernant lui-même, il n'y a que deux systèmes : la souveraineté monarchique de droit en soi, de droit divin, qu'il ne faut pas tenter d'approfondir, sont-ils contraints de dire, un mystère que ne digère pas l'esprit moderne, même l'esprit de M. Larochejaquelein ; ou bien, la souveraineté du peuple, du peuple vivant, la volonté collective de tous les membres majeurs de la nation. »

Il dit en parlant des partis : « Il n'y a, donc, en réalité, que deux partis politiques en présence ; des aristocrates exigeant, généralement, une monarchie qui gouverne dans leurs intérêts, ou si l'on veut dans leurs idées. Ils nient la souveraineté du peuple ou n'ont l'air de l'accorder que pour l'escroquer par le procédé de la délégation, ensuite des démocrates, voulant que le peuple, le peuple universel, intégral, se gouverne lui-même.

Plus loin : « La révolution de 1848 éclate, bien. Un gouvernement provisoire s'installe, très-bien. La majorité de ce gouvernement provisoire, et démocratique, ne voulait pas proclamer la République par respect pour la souveraineté du peuple. Le peuple de Paris, sentant que souveraineté du peuple et monarchie sont deux termes qui s'accordent tout juste comme lumière et ténèbres, fait une pression sur son gouvernement. Celui-ci s'empresse, enfin, de proclamer la République, c'est-à-dire le gouvernement du peuple, en puissance et en acte ; parfaitement bien.

« Mais voilà que la démocratie victorieuse, manquant d'une intelligence claire et pleine de son principe, s'abandonne immédiatement. Il ne vient pas à l'idée du peuple que République et gouvernement du peuple par le peuple, exercice direct du gouvernement par le peuple, c'est synonyme. On lui dit : Le suffrage universel va créer un gouvernement définitif. Le gouvernement provisoire bâcle une loi électorale, fixe un jour du mois d'avril pour les élections et voilà le peuple souverain, en théorie immense, troupeau bêlant en réalité, acceptant qu'il ne peut, en effet, exercer sa souveraineté qu'en la déléguant,ou,ce qui revient au même, exactement, en abdiquant. Le peuple, le souverain va donc gravement procéder à l'élection d'une assemblée constituante, souveraine, c'est-à-dire, d'un monarque absolu, à 900 têtes, et quelles têtes ! En termes non déterminés, mais sous-entendus ; voilà la délégation. A ce compte le peuple se reconnaît incapable d'exercer sa souveraineté et se la laisse confisquer, croyant la fonder, il la fond (passez-moi le jeu de mot), il rentre bel et bien en pleine monarchie, en se donnant un souverain extérieur à lui et, d'assemblée en assemblée, en moins de deux ans, on lui reprend, hélas ! jusqu'à cet exercice de souveraineté plus chimérique et dérisoire, consistant à se nommer de temps en temps un nouveau souverain. La loi du 31 mai est là pour le dire.

« Si le gouvernement provisoire eût été conséquent avec ses prémisses, il n'eût point dit au peuple français : Pour exercer ta souveraineté, tu vas te dépêcher de l'abdiquer entre les mains d'une petite cohue d'États réunis. De tous les bouts de la France, il eût dit à ce peuple, en faisant table rase des usurpations antérieures : La révolution a anéanti toutes les lois de répression, que cette usurpation avait échafaudées pour se défendre et lier le peuple, en proclamant la liberté de la presse, le droit de réunion, d'association, d'enseignement, nous proclamons que le peuple ait à rentrer dans les droits indispensables à l'exercice de sa souveraineté. Le gouvernement appartient au peuple. Le peuple ne doit plus s'en dessaisir. En conséquence, nous n'invitons point le peuple à déléguer sa souveraineté à des mandataires, arbitres de son sort, c'est-à-dire, à de nouveaux maîtres, qui, sous prétexte de le représenter et de lui donner une constitution et des lois conformes à sa volonté, lui imposent, en réalité, fatalement, leur volonté à eux, c'est-à-dire une nouvelle servitude.

« Le peuple universel est le seul pouvoir, le seul souverain, par conséquent, lui seul législateur il fera seul ses lois ou s'il lui convient de les faire préparer par des mandataires, ces mandataires ne seront jamais un pouvoir, à plus forte raison un pouvoir extérieur à lui. Les projets de lois préparés et proposés par ceux-ci ne seront lois que par la sanction du peuple universel. »

Par les citations que nous venons de faire, il est démontré jusqu'à la suprême évidence, — savoir : Que le peuple seul a le droit et la qualité voulus pour faire la loi, pour se gouverner ; que tout autre mode, sous quelque forme et sous quelque dénomination qu'il se présente, n'est qu'une usurpation envers la souveraineté du peuple. Cela compris, il en résulte que, tous les républicains qui propagent la dictature sont dans une erreur complète, et que cette erreur perpétue l'usurpation sans qu'ils le veuillent et sans qu'ils le sachent. L'éducation républicaine est encore à faire.

M. *Victor Considérant* avoue, en terminant, que l'idée du gouvernement direct vient d'Allemagne et qu'elle lui a été communiquée par M. *Rittinghausen.* La démocratie saura, je n'en doute pas, apprécier les efforts de MM. *Rittinghausen* et *Considérant ;* elle leur saura gré d'avoir remis en lumière, parmi nous, le droit républicain, et d'avoir démontré que le gouvernement du peuple par le peuple, est le seul légitime. Mais ce qui me surprend c'est que les hommes qui font profession de démocratie, parmi nous, n'aient pas plutôt vulgarisé l'idée du gouvernement direct, qui est l'idée fondamentale du *Contrat Social.*

Aux citations que nous venons de faire, ajoutons l'opinion de M. *Proudhon :* « J.-J. Rousseau a dit vrai : nul ne doit obéir qu'à la loi qu'il a lui-même consentie, et M. *Rittinghausen* n'a pas moins raison, quand il prouve, en conséquence, que la loi doit émaner directement du souverain sans intermédiaire de représentant. (J.-P. Proudhon, *Idée générale de la révolution au* XIXe *siècle.*)

Après un aveu semblable de la part de M. *Prou-*

dhon, lequel reconnaît la justice, la légitimité du gouvernement direct, mise en lumière par J.-J. Rousseau, l'on se demande si le célèbre critique n'a pas été sévère envers l'auteur du *Contrat social*, s'il n'a pas manqué de reconnaissance pour la mémoire d'un homme qui a consacré sa vie à la recherche de la vérité.

M. *Proudhon* a dit que quand le peuple comprendrait le vrai sens des mots, il traînerait le cadavre de Rousseau à Montfaucon. Je proteste contre cette affirmation, le peuple n'aura jamais que de l'admiration, de la reconnaissance pour ceux qui travaillent à son affranchissement. J'ose promettre à M. *Proudhon*, que tous ses travaux pour l'émancipation du prolétariat ne seront pas oubliés. Mais de même que je lui donne ce tribut d'éloges, je me permettrai de lui dire que sa critique envers ceux qui, comme lui, cherchent la vérité est souvent poussée jusqu'à l'exagération. Il cherche trop souvent à terrasser ses concurrents sur ce point. Nous sommes de l'avis de M. *Garnier Pagès*, lequel disait : Nous ne voulons pas raccourcir les habits, mais nous voulons allonger les vestes. M. Proudhon prend la tâche contraire, il semble ne pas vouloir élever les publicistes jusques à lui ; mais vouloir les terrasser, les amoindrir. La démocratie est plus libérale, elle veut élever tous ses membres à l'égalité et tient compte de tous les efforts : elle accepte depuis l'intuition jusqu'à la formule.

Nous nous sommes proposé de fournir deux objections capitales contre le gouvernement démocratique, tel qu'il a été pratiqué depuis 1848. La preuve de la première de ces objections contre ce que nous appelons délégation ou représentation est faite. Reste l'objection plus capitale envers la loi de la majorité.

L'auteur du *Contrat social*, en remontant à l'origine du droit politique, a parfaitement démontré que la loi devait émaner directement du souverain et a pressenti que la loi, pour qu'elle soit parfaite, doit réunir l'universalité des suffrages, le consentement universel, l'unanimité. C'est ce qu'il exprime en ces termes : « La loi de la pluralité des suffrages est elle-même un établissement de convention, et suppose, au moins une fois, l'unanimité. »

Cette déclaration de la part de Rousseau est la condamnation de la loi des majorités et atteste l'imperfection de la méthode qu'il a proposée pour voter la loi, laquelle n'est qu'une approximation de la vérité, qu'un expédient très-imparfait, attendant une forme supérieure, ayant un caractère d'unanimité.

CONCLUSION.

Toute proposition qui, après mûr examen, n'est pas d'une évidence démontrée (1), tout ce

(1) En effet, que prouve la majorité ou la minorité, rien absolument, sinon que la question qui est en délibération est obscure, erronnée, fausse. Or, une chose obscure, une chose qui n'est pas démontrée, n'offre que le plus ou le moins de vraisemblance. Chacun vote, alors, selon sa conscience ou son intérêt, mais nul ne sait au juste ce qu'il vote, Dans ce cas, c'est le nombre, le hasard, c'est la force qui décident; le nœud gordien, ne pouvant se dénouer, on le tranche, c'est plus tôt fait.

(*Note de l'Auteur*).

qui laisse dans l'esprit l'ombre d'un doute, ne peut servir de base à l'ordre social, ne peut avoir force de loi. En effet, puisque nul ne peut me représenter, puisque nul ne peut faire une loi sans mon concours, je ne suis pas libre, si je subis une loi que je n'ai pas consentie. Que la loi me soit imposée par un seul, par une caste, par une majorité, je n'en suis pas moins opprimé; c'est une question de nombre, voilà tout; l'oppression n'est pas moins grande, si un seul impose la loi à tous, que si tous imposent la loi à un seul. Tant qu'il y aura un seul opposant, il y aura tyrannie, oppression.

La loi d'un seul n'est pas la vérité parce qu'elle s'impose.

La loi de caste n'est pas la vérité parce qu'elle s'impose.

La loi des majorités n'est pas la vérité parce qu'elle s'impose.

La vérité se démontre et ne s'impose pas, c'est la loi de l'unanimité.

Le moyen infaillible, l boussole, le critérium pour reconnaître la vérité, c'est le consentement universel, loi de l'unanimité.

La loi de l'unanimité est la loi de l'avenir, comme la loi d'un seul, de quelques-uns, des majorités, fut la loi du passé.

A ce mot de l'unanimité, le lecteur consciencieux, l'homme de bon sens, celui qui ne consulte que la raison, celui qui n'est pas égaré par la passion, me dit : Oui ! je reconnais, comme vous, que pour que la loi ait un caractère de légitimité, de justice, de liberté, il faut qu'elle soit faite directement par l'universalité et qu'elle soit consentie par tous ; que si un seul membre proteste contre cette loi, et qu'il soit tenu de s'y conformer, il y a oppression. Je veux, je désire, comme vous, le consentement universel. Mais comment l'obtenir, comment mettre d'accord tant de caprices, d'opinions, d'usages, de religions, de partis, de nations, d'individus, d'intérêts qui se heurtent et se choquent? Comment rétablir cet ordre, cette harmonie, cet accord? La loi de l'unanimité, le gouvernement direct c'est beau en théorie, mais la pratique en est impossible.

Je réponds que tous les perfectionnements, toutes les découvertes qui se sont produits dans le monde, ont été, à leur naissance, déclarés impossibles, et qu'il est superflu aujourd'hui d'en citer des exemples. L'expérience ayant démontré rationnel et simple ce qui de prime abord avait été traité d'utopie, d'impossibilité, il en sera de même, j'en ai l'espérance, de la loi de l'unanimité; mais venons au fait.

Le fait nous apprend que les hommes ne sont pas d'accord. D'où vient la division, le désaccord? De l'erreur, de l'ignorance de la loi naturelle que nous avons transgressée!

La loi naturelle, c'est l'ordre, l'harmonie, l'unité. Si nous connaissions la loi naturelle, nous pourrions harmoniser nos intérêts, cimenter l'union parmi nous, réaliser l'unité de la famille humaine. Que faut-il pour cela?

Je l'ai dit déjà, posséder la vérité; chaque fois que nous aurons démontré la vérité, nous aurons l'unanimité.

Qu'un homme dise, en plein midi, il fait jour; cet homme ne rencontrera pas un seul opposant, à moins, toutefois, que l'opposant ne soit privé de la vue, et encore pourrait-on lui faire sentir la chaleur vivifiante de l'astre qui nous éclaire. Cet exemple pourrait se multiplier à l'infini. Je me répète, la loi de l'unanimité c'est la vérité démontrée. Si nous sommes dans la vérité, nous démontrerons que les hommes sont d'accord au fond, que les mots dont ils se servent n'expriment pas leurs sentiments, que leurs intérêts ne sont pas divergents, qu'ils aiment et veulent tous la vérité, l'ordre, l'unité ; mais qu'ils se sont trompés, qu'ils se trompent sur les moyens ; que sitôt que la vérité et la loi morale seront connues, enseignées, l'unité du genre humain existera. Alors la paix, l'abondance, la liberté ne seront plus de vains mots, mais des réalités : l'ordre aura remplacé le chaos. Est-il donné à l'homme de connaître sa loi, la loi morale, la vérité ? L'homme doit-il chercher cette vérité éternelle, immuable, essence de son être, d'où tout ordre découle ? L'homme doit-il connaître cette boussole morale qui lui permettrait sûrement, infailliblement, de se diriger sur ce vaste océan qui se nomme la vie, sans jamais s'égarer, sans faire naufrage? N'y a-t-il pas quelque témérité à chercher cette vérité absolue, à moi, chétif ignorant, quand des génies aussi éminents que M. *Proudhon* déclarent positivement qu'il n'existe que des vérités relatives, que chercher cet absolu, c'est faire preuve de niaiserie et de médiocrité philosophique; quand, surtout, ce grand écrivain promet de démontrer ce qu'il avance, dans un ouvrage spécial, qu'il annonce devoir paraître sous peu.

Malgré cette affirmation, je me propose de donner les raisons qui établissent, dans mon esprit, la certitude de l'existence de la vérité absolue. Lors même que je serais impuissant, à cause de mon extrême ignorance, à produire mes preuves, la voix de ma conscience, mon instinct n'en resteraient pas moins convaincus, le doute, sur ce point, n'ayant aucune puissance sur moi. Toutefois, avant de formuler mes preuves, j'adresserai une observation à M. *Proudhon*, avec la déférence que je lui dois, et je me propose, au besoin, de citer certain passage de ses écrits, pour démontrer l'existence de la vérité absolue. Je formule mon interrogation :

Monsieur, vous affirmez que la vérité absolue n'existe pas. S'il n'y a pas de vérité absolue, de vérité première, d'où découle tout ordre, tout va pour l'humanité, pour l'univers, au gré du hasard, il n'y a ni bien, ni mal, ni crime, ni vertu. Si cela est, à quoi bon vous torturer l'esprit, pour faire cesser ce que vous appelez les antonomies sociales, l'antagonisme des partis, l'intolérance des sectes, des religions? Pourquoi vouloir détruire les préjugés, modérer les passions, équilibrer les intérêts, fusionner les classes, détruire les abus de la concurrence du monopole, modifier, anéantir l'autorité, convier le genre humain à l'égalité, à la liberté, à la solidarité? A quoi bon, dis-je, tant vous torturer l'esprit, si vous n'avez pas la certitude que toutes ces plaies sociales, dont nous sommes accablés, sont le produit de notre profonde ignorance, le résultat de nos erreurs? S'il n'y a pas de vérité qui puisse servir de base à l'éducation humaine, aux institutions sociales, s'il n'y a que des vérités relatives, le bien et le mal sont de vains mots, il n'y a rien à corriger, à modifier, à améliorer, car, comment seriez-vous sûr, à défaut de vérités fondamentales, de faire relativement mieux que ce qui est? Qui vous dit que votre édifice, manquant de plan, de base, serait solide; que votre navire et le pilote, faute d'une boussole pour se diriger sûrement, ne prendraient pas une direction contraire à la ligne que vous voulez suivre? Qui nous assure que tous ces intérêts, que vous voulez faire entrer en ligne de compte, ne seraient point lésés, faute d'une méthode qui vous permette de faire la part de chacun et de tous, s'il n'y a point de vérité absolue, point de loi éternelle, immuable pour l'humanité? Il faut dire, comme votre célèbre devancier, l'auteur de *Candide*, tout est pour le mieux dans le meilleur des mondes possibles. S'il n'y a pas de vérité absolue, Monsieur, le mal est sans remède ou plutôt il faut en revenir là, il n'y a ni bien, ni mal; il y a le hasard, le chaos, le néant, le vide... rien.

Permettez-moi de vous le dire, souffrez, Monsieur, que je contredise votre propre affirmation ; vos recherches, vos travaux, la voix intérieure de votre conscience témoignent contre votre théorie.

Une puissance inconnue, jusqu'ici, à votre esprit, vous fortifie dans l'objet de vos recherches. C'est cette puissance qui vous donne la logique, l'amour, la force de chercher le remède au mal. Cette puissance n'est autre que la vérité absolue que vous possédez dans votre propre cœur et c'est vous-même qui m'en donnez la définition lorsque vous dites que ce qui caractérise l'instinct, l'intuition, c'est sa spontanéité, sa certitude, son infaillibilité ; que la raison est un pacte avec l'intuition et l'expérience. Or, en acceptant cette définition, il en résulte que si l'instinct est infaillible, l'instinct n'est autre chose que la loi même de l'espèce, la voix de cet instinct, la vérité.

Si j'osais donner un nom à la loi morale, à la vérité, je dirais : La raison, c'est l'instinct parlé. Si je pouvais définir avec clarté, avec précision, daguerréotyper cet instinct, en donner une copie tellement ressemblante que nul homme ne puisse ne pas reconnaître sa loi dans une formule évidente, individuelle et universelle, reproduisant cet instinct aussi fidèlement que l'écho répercute le son, comme la glace reproduit l'image, la loi de l'homme, la vérité serait trouvée. Ce ne serait pas une vérité relative, mais bien une vérité universelle, absolue. Cette vérité démontrée, incontestable, formulée, enseignée, deviendrait la base de l'éducation et des institutions sociales. Cette vérité serait absolue, infaillible, si elle pouvait résoudre le problème social, comme l'arithmétique peut résoudre tous les problèmes de nombres possibles, comme la boussole peut servir à parcourir les mers en tous sens, sans jamais s'égarer, comme la balance peut peser toutes les quantités. Cette boussole morale je l'appelle la vérité mère, la vérité absolue. La méthode de certitude pour la reconnaître est le consentement universel que vous proclamez vous-même. Si ramenant toutes les questions individuelles et générales à cette unité il en résulte toujours, nécessairement, le consentement universel, si l'instrument, la méthode a un tel degré de précision, de nécessité, qu'avec la connaissance de cette unité nous ayons toujours l'unanimité, toute la question se réduit à connaître cette loi, à savoir s'en servir comme de l'arithmétique, comme de la boussole. C'est une question d'éducation, d'apprentissage. Si nous démontrons que cette vérité a été de tous les temps et de tous les pays le but de l'homme; que l'être humain est soumis à cette loi de toute éternité; qu'il a constamment recherché le but vers lequel elle l'appelle, il en résulte que l'homme s'est trompé sur les moyens, seulement; qu'il ne pouvait pas jouir, qu'il ne pouvait pas être dans l'ordre, tant que cette loi n'était pas découverte formulée, de même qu'il ne pouvait pas parcourir l'*Océan*, sans s'égarer, avant la *découverte* et la connaissance de la boussole.

APPLIQUONS LA MÉTHODE.

Si nous sommes dans la vérité, nous aurons l'unanimité.

Quelle est la loi de l'être humain, quel est son but constant, éternel? La loi de l'être humain, la vérité, c'est le BIEN-ÊTRE.

Vivre heureux et toujours, avoir place au banquet de la vie, jouir de toutes ses facultés, telle est la loi, le but où tendent éternellement tous nos efforts, toute l'activité humaine. Nul ne peut se soustraire à cette loi, à cause de l'ignorance primitive. L'être humain se trompe sur les moyens qui doivent le rendre heureux; mais il poursuit toujours le même but qui est le bonheur. Le bonheur c'est la loi suprême. Cette loi existe de toute éternité, elle est l'essence même de l'être. Que l'humanité connaisse ou non cette loi, elle lui est soumise comme le bras est soumis à la volonté. Tout ce que nous voulons, tout ce que nous faisons, nous le voulons et le faisons en vertu de cette loi. Que l'être humain fasse le bien ou le mal, il fait ce bien ou ce mal pour son bien-être. Soit qu'il agisse spontanément, soit qu'il agisse avec délibération, toutes ses actions ont pour raison le MOI. Seulement elles changent de nom selon qu'elles sont faites dans un intérêt exclusivement personnel ou en vertu de l'intérêt des autres.

Quand l'action se rapporte à soi et porte préjudice aux autres, l'action est égoïste ou mauvaise. Quand elle se rapporte à l'intérêt des autres, de la généralité, l'action est généreuse, humanitaire, bonne, mais le mobile qui fait agir, est toujours le même et ne saurait changer.

De ce que nous avons dit, il résulte que la loi de l'être humain c'est le bien-être ; que le moyen de le réaliser, c'est la connaissance de cette loi. Pour que la loi sociale soit conforme, exactement à cette loi, elle doit réunir le caractère d'universalité, d'unanimité.

APPLIQUONS LA MÉTHODE.

La loi de l'être humain, c'est le bien-être.

L'unanimité me répond : Oui.

Par instinct et par raison, l'ignorant et le savant, l'égoïste et le philanthrope, tous veulent être heureux. Réunissez tous les législateurs, les révélateurs, les philosophes, tous ces hommes dont l'amour immense embrassait dans sa sollicitude l'humanité tout entière , tous, tous ils ont proclamé ce principe immuable. Tous ont voulu apporter quelques soulagements aux souffrances de leurs semblables sur ce point essentiel, unique. Il n'y a jamais eu, il n'y aura jamais qu'une même volonté, depuis le législateur des Hébreux jusqu'aux socialistes modernes. Que promet le législateur des Hébreux lorsqu'il veut affranchir le peuple juif de la servitude des *Pharaons ?* Il leur montre la terre promise, terre où coule le miel et le lait, où règne l'abondance et la liberté.

Que promet le divin rédempteur des esclaves, impuissant, à cette époque de guerres de conquêtes et de destructions, à réaliser le bien-être ici-bas? Les jouissances infinies d'une vie future.

L'Église enseigne la résignation et en compensation des misères présentes, elle promet un bonheur éternel.

La religion de *Mahomet* ne parle que de jouissances dans ce monde et en promet de plus grandes dans l'autre. Mais à défaut de législateurs, de philosophes, n'avons-nous pas le témoignage de notre propre cœur?

Notre première proposition a réuni le consentement universel, l'unanimité. Conséquence: la méthode est bonne, absolue, applicable à tous les cas possibles et peut résoudre tous les problèmes sociaux, comme l'arithmétique peut résoudre tous les problèmes de nombres possibles, sans que, pour cela, celui qui la découvre soit tenu de les résoudre tous. Il suffit que le moyen soit bon.

En quoi consiste le bien-être humain ?

Le bien-être de l'être humain consiste-t-il dans l'usage complet de ses facultés?

L'unanimité répond : Oui.

Comment l'être humain parviendra-t-il à faire usage de ses facultés ?

En s'assimilant, en consommant, en apprenant les choses utiles au développement de ces mêmes facultés.

L'unanimité me répond : Oui.

Toute consommation suppose un produit.

Il faut, donc, produire les choses utiles au développement des facultés humaines.

L'unanimité me répond : Oui.

Il faut, donc, des institutions qui facilitent, à tous et à chacun, tout ce qui peut concourir au bien de l'être humain, à son bien-être matériel, à son bien-être moral, à son bien-être intellectuel.

L'unanimité me répond : Oui.

Nous connaissons la loi de l'être humain et de tous les êtres.

Cette loi, c'est le bonheur.

Nous connaissons en quoi il consiste dans

l'usage, dans la plénitude, dans la liberté des facultés. Ces facultés sont diverses et leur principe est le même, l'unité.

Les facultés doivent être cultivées, développées d'une manière harmonique afin, que l'être humain soit dans l'ordre moral, dans la loi naturelle. Il faut qu'il vive par les sens, qu'il soit beau, agile, fort et sain; par le cœur, qu'il soit bon, généreux, aimant, que son âme soit expansive, que son amour embrasé s'épanche sur la nature tout entière; par l'esprit, que son intelligence connaisse son principe, sa loi, les merveilles de l'univers, qu'elle s'élève jusqu'à son auteur et sache tirer de la nature tout ce qui peut contribuer à le rendre heureux. Comme l'individu ne peut être heureux que par la connaissance et la pratique des lois de l'univers, par la communication, la communion et l'association des êtres qui le constituent, pour qu'il soit dans l'ordre universel, il faut que l'ordre social soit en harmonie avec les lois de la nature.

L'ignorance et l'inobservation de ces lois est

la cause de toutes les misères humaines. Leur connaissance et leur application en est le remède.

Il faut, à la base des institutions sociales, la formule autour de laquelle doivent graviter toutes les lois.

FORMULE.

Consommer tout ce qui est utile au développement des facultés humaines :

C'EST LE DROIT !

Travailler, produire tout ce qui est utile au développement des facultés humaines :

C'EST LE DEVOIR !

Jouir du fruit de son travail, assurer à chacun et à tous l'intégralité de son produit :

C'EST LA JUSTICE !

Quelle est la quantité de produits que l'être humain a le droit de consommer et quelle est la quantité qu'il a le devoir de produire ?

L'être humain a le droit de consommer l'équivalent de ce qu'il produit et le devoir de produire l'équivalent de ce qu'il consomme.

Nous venons de présenter la formule sociale qui nous semble résumer le devoir, le droit, la justice. Si cette formule, soumise à un examen rigoureux, réunit le caractère de vérité, si elle est conforme à la loi de l'ordre, elle aura, nécessairement, le consentement universel ou l'Unanimité et pourra servir de base à l'édifice social. Il n'y aurait plus, dès lors, qu'à faire des institutions en harmonie, en rapport avec cette formule pour que l'ordre, le bonheur se réalisassent. C'est en interrogeant la loi morale, la loi des êtres que nous avons reconnu notre propre loi qui est le bien-être. La loi étant connue, le but marqué, la boussole trouvée, restent les moyens de réalisation.

Ces moyens, la nature les a écrits en caractères sensibles pour l'observateur qui l'interroge dans sa vitalité, dans ses œuvres. En examinant cette mère commune nous voyons le mouvement donnant la vie, la puissance créatrice produisant sans cesse des merveilles.

L'ORDRE.

De même qu'il n'y a qu'une vérité, qu'un principe, il n'y a qu'un moyen de le réaliser; moyen égal au but que se propose la nature. Ce moyen de réaliser le bien-être, c'est le travail.

Pour que le travail donne à chacun et à tous la plus grande somme du bien-être possible, il faut qu'il soit organisé d'après cet ordre admirable où tout concourt avec intelligence à une destinée commune. Il faut que l'être humain produise en abondance et avec amour les choses d'utilité qui constituent ce bien-être.

Un jour par l'organisation du travail, la multiplicité des machines et leur perfection, l'être humain créera, comme Dieu, par sa seule volonté. Il dira : Je veux tel produit, et le produit sera. C'est de ce jour seulement que la liberté existera sur la terre. L'être humain n'atteindra à la liberté que par la richesse. Tant qu'il y aura la misère, tant que la production sera limitée, tant que l'organisation dans cette production n'existera pas, l'esclavage de l'humanité subistera.

Qui dit richesse dit liberté.

Qui dit misère dit esclavage.

Chacun repousse la misère et l'esclavage ; nul ne veut être pauvre, nul ne veut être esclave.

L'être humain veut être libre, riche, heureux, c'est la vérité, la loi morale, la loi de l'unanimité.

Richesse et liberté sont synonymes, comme le sont esclavage et misère. S'il nous était donné de suivre l'histoire de l'humanité, nous verrions que l'esclavage, la domination, le partage de la famille humaine en deux classes, l'une de maîtres, l'autre d'esclaves, n'a eu pour origine et pour cause que la misère. Depuis l'homme chasseur qui dépouille l'homme paisible des champs, jusqu'aux conquérants, les fléaux, les destructeurs de toutes richesses, nous verrions que c'est toujours une cause de misère, d'ignorance, qui a poussé un peuple conquérant contre un peuple producteur. Nous verrions que les peuples barbares et pauvres, ont toujours dévasté et soumis un peuple producteur et riche. C'est ainsi que l'histoire nous montre les nations les plus riches, les plus intelligentes, devenant la proie de conquérants affamés. L'esclavage est né de la conquête, comme la conquête est fille de la faim. Aux premiers âges du monde, le travail était dans l'enfance, l'ignorance le rendait pénible et repoussant. Ne pouvant et ne sachant organiser la production, l'homme organisa la destruction, la guerre. L'histoire de l'humanité est là, c'est la force, la domination qui a créé la société passée et présente. C'est la conquête qui a parqué l'humanité comme un vil troupeau de bétail, qui a créé les classes et les priviléges, qui a mis les femmes, cette moitié du genre humain, hors le sacerdoce, hors la loi civile et politique. C'est elle qui a livré le travail au hasard, à la concurrence, à l'anarchie, qui a fait ce chaos que l'on nomme société, société qui, au lieu de faire des humains une seule et même famille aimante, expansive, loyale, sincère, n'a fait qu'un monstre d'égoïsme, de corruption, d'envie et de haine, société où l'être qui ne doit que bénir et aimer, maudit et déteste.

De là ce sourd mugissement d'orageuse tempête qui menace le vieil édifice d'une destruction inévitable, si la raison, la vérité ne vient, comme un autre *Jéhova*, créer l'ordre et tirer la vie du chaos.

J.-J. Rousseau a dit en parlant de l'établissement de la démocratie : « Si la démocratie devait coûter une seule goutte de sang, elle serait trop chèrement achetée. »

Cette pensée, profondément humanitaire, est aussi profondément vraie. A l'exemple de cet homme de bien, je dis : Si l'émancipation du prolétariat, si l'émancipation de la femme devaient coûter une seule crainte, elles seraient trop chèrement achetées. L'établissement de la raison, de la justice, de la vérité, doit être un pacte d'union entre les humains. C'est par l'accord, c'est par une augmentation de bien-être pour tous et pour toutes que la transaction, la fusion des classes doit s'opérer et non par la violence qui n'est que la conquête, la force brutale, l'oppression.

Si un seul membre de la société présente devait être lésé de tous et de toutes par notre principe, c'est que nous serions révolutionnaires et non réformateurs. Dans ce cas, nous ne serions pas conséquents avec notre principe d'unanimité. Riches ou pauvres, savants ou ignorants, tous et toutes doivent gagner à la fusion, à la conciliation, à la réalisation de l'ordre nouveau.

Je sais, qu'entraînés par la force de l'habitude et de l'éducation, les hommes pensent qu'il est impossible d'obtenir l'unanimité, le consentement universel, que les intérêts et les opinions semblent antipathiques et inconciliables. Comment, nous dit-on, concilier tant d'intérêts divers, inégaux, tant d'opinions différentes de partis, de religions ? Comment ? A cela je réponds : Les choses prises à votre point de vue, d'après la routine et l'erreur, la conciliation est impossible. En rampant terre à terre, nos yeux ne voient que des objets isolés et divers. Mais pour moi qui m'élève jusqu'au *Sinaï* de la vérité, jusqu'à la hauteur d'un principe, jusqu'à la loi des êtres, pour moi qui m'inspire et me confonds dans l'unité, rien n'est isolé dans l'humanité, tout se tient, tout se lie comme dans l'univers. Je vois la douleur, dans le palais comme dans la mansarde, les intérêts sont uns et les partis les mêmes. Je ne vois que des malheureux, que des frères qui souffrent, se trompent, et veulent connaître la vérité pour se guérir.

Pourquoi diverses religions? Pourquoi divers partis?...

Tous les législateurs, réformateurs et révélateurs, ont eu un même but, une même pensée : apporter quelques adoucissements aux souffrances de leurs semblables. Tous ont senti instinctivement que l'humanité était née pour le bonheur, mais ignorant les moyens de les réaliser, ils ont donné les moyens qu'ils ont jugé les plus propres à guider l'humanité dans cette voie; ils ont donné des préceptes excellents et des moyens insuffisants. Ces moyens ont varié selon les temps et selon les lieux; mais tous voulaient atteindre le même but. Chaque religion a été un progrès, une amélioration par rapport au temps où elle s'est produite; mais nul législateur n'ayant organisé la production, le travail, nulle religion n'a eu un caractère d'unanimité, bien que toutes l'aient pressenti et désiré.

De là, le plus ou moins de ressemblance, le plus ou moins d'intolérance qui s'en est suivie. C'est parce que les apôtres des diverses religions étaient et sont encore impuissants à formuler la vérité, à organiser le travail, que, de martyrs qu'ils étaient, ils sont devenus intolérants et oppresseurs; mais, au fond, tous ont voulu la fraternité humaine, la vérité, le bien-être universel.

POURQUOI LA LOI DU NOMBRE.

Tous ayant ignoré, jusqu'ici, la science sociale qui est l'ordre et le bien-être, n'ayant pu formuler la vérité, ayant formulé des propositions obscures sans caractère d'évidence et de démonstration, il a fallu faire par la force du nombre des majorités, ce qui ne peut et ne doit être fait que par l'unanimité. Mais au fond, ils ont toujours voulu, et ne pouvaient vouloir autre chose que le bien-être. Or, si l'expérience démontre qu'au lieu de créer l'ordre, ils n'ont créé que l'anarchie, qu'au lieu de se faire aimer, admirer, ils se sont fait maudire et qu'ils ont souvent expié leurs propres erreurs, il s'ensuit qu'ils se sont trompés.

DES RÉVOLUTIONNAIRES, DES RÉTROGRADES, DES CONSERVATEURS.

Nous avons reconnu, à l'unanimité, que les humains veulent absolument la même chose, qui est le bien-être, la loi naturelle, à laquelle il n'est pas possible de se soustraire.

Nous avons reconnu, à l'unanimité, que l'être humain n'est pas dans les conditions de bien-être.

Nous avons reconnu, à l'unanimité, que la cause de la misère, de l'esclavage était due à l'ignorance et que c'est à cause de cette ignorance, même, qu'il y a dans la société des catégories, des classes toujours prêtes à se mépriser, à s'opprimer, à s'entre-déchirer les unes les autres. Qu'il nous soit permis de dire que cet état de haine provient d'un malentendu, et après la paix se fera, car les humains sont tous de bonne volonté, ils se trompent, voilà tout. Toutes nos violences sont le fruit de l'erreur, de l'ignorance. O vérité! mère de tout amour et du bonheur, viens, que ton règne arrive sur la terre, viens cimenter l'union parmi nous !

DES RÉVOLUTIONNAIRES.

Le révolutionnaire est celui qui, mécontent et victime des erreurs de la société, de sa mauvaise organisation, veut pousser constamment cette vieille société vers un ordre nouveau, veut détruire le vieil édifice, sans savoir au juste ce qu'il faut mettre à sa place.

LE RÉACTIONNAIRE.

Le réactionnaire est celui qui, dans le temps, a joui de certains priviléges qu'il croit être utiles à l'organisation de la société, parce qu'il en a eu la jouissance et qui, en voyant que la génération actuelle tend sans cesse vers l'égalité sociale, fait violence à cette société et veut la ramener à son bon vieux temps.

LE CONSERVATEUR.

Le conservateur connaît comme le révolutionnaire, comme tout le monde, qu'il y a des erreurs innombrables dans la société, mais ne sachant pas, non plus, le moyen pour édifier sans détruire et pouvant supporter un ordre de choses qui lui donne une certaine position, il résiste également aux réactionnaires et aux révolutionnaires.

Au fond ces trois catégories de citoyens veulent le bien-être. Le révolutionnaire veut plus de bien-être et veut aller en avant. Le réactionnaire veut plus de bien-être, et veut aller en arrière. Le conservateur, dans la crainte de compromettre le peu qu'il a, se met en travers et dit : Restons comme nous sommes. J'en ai dit assez, pour démontrer, contrairement à l'opinion générale, que les humains ne diffèrent que dans la forme et dans les moyens de réalisation, que tous sont d'accord sur le fond, que c'est une erreur de croire que l'accord n'est pas possible, puisque cet accord est la condition même de la loi suprême. L'on se trompe, quand on dit que l'être humain change, que ce qu'il veut dans un temps, il ne le veut plus dans l'autre, que ce qui est vrai pour un pays est faux pour un autre. La vérité est de tous les temps et de tous les pays, mais il n'est pas donné à tout être de la découvrir, de la formuler, de trouver les moyens de la réaliser. On se trompe, quand l'on dit que l'espèce humaine est progressive, elle est éternellement la même et ne saurait changer. L'humanité acquiert par l'expérience les moyens de se rendre heureuse, mais le but qu'elle poursuit ne varie jamais.

L'humanité change, dit-on. Ce n'est pas l'humanité qui change, mais c'est le milieu dans lequel elle vit. Un être est content le matin, il est triste le soir; cet être a-t-il changé? Non. Une cause de douleur ou de joie a produit le contentement ou la tristesse; tout se réduit donc à connaître la loi de l'ordre, à trouver le moyen de le réaliser.

PROBLÈME.

Trouver une réforme sociale qui assure plus de bien-être aux réactionnaires qu'il n'en possédèrent jamais, donner aux conservateurs et aux révolutionnaires plus de bien-être que n'en ont jamais eu les privilégiés, dans aucun temps et dans aucun pays, élever le niveau du bien-être à cette hauteur que la richesse de tous et de toutes augmente sans qu'il en coûte un soupir, une larme à personne, c'est avoir la synthèse qui met d'accord tous les partis en dissidence jusqu'ici, c'est être dans la vérité. Ce problème nous avons le courage de l'entreprendre et l'espérance d'en indiquer la solution. C'est une question d'enseignement, d'éducation.

L'EDUCATION.

On a dit : le langage est la représentation de l'idée, il serait aussi exact de dire, les œuvres, les faits, les institutions, les lois, sont la représentation fidèle, exacte du degré d'instruction des individus comme des nations. Tout ce que fait l'individu, il le fait en vertu de l'idée, de l'instruction qu'il a reçue ou acquise et cela dans les travaux les plus vulgaires et les plus familiers comme dans les œuvres d'art et de goût, comme dans les conceptions du génie.

La société est faite à l'image de l'éducation de son temps, de l'éducation générale des membres qui la composent, et cette représentation est si frappante que l'observateur peut juger sainement des mœurs, des coutumes, du bien-être d'une nation, par la connaissance de ses lois, de son industrie, de ses arts, de sa littérature, aussi sûrement que par la connaissance intime des habitants qui la composent. D'après cela il résulte que le plus ou le moins de bien-être d'un peuple dépend du plus ou moins de connaissance qu'il a de la vérité, de l'ordre naturel. Pour qu'un peuple soit vraiment instruit, toutes ses institutions doivent être conformes avec cet ordre naturel, car ce n'est que par la connaissance et la pratique de ses lois nécessaires qu'il peut posséder le bonheur.

Le bonheur d'un peuple est en raison de la vérité de la science qu'il connaît. Rien, ici-bas, le bien comme le mal, ne peut se réaliser, se produire sans que l'intelligence le crée. Le hasard ne crée rien. Rien ne peut se réaliser, le bien comme le mal, sans qu'il ait été conçu, sans qu'il ait pénétré dans l'entendement humain. Le cerveau humain peut se comparer à un vaste champ susceptible de recevoir toutes les impressions, toutes les semences bonnes ou mauvaises, de les reproduire toutes en les multipliant, erreurs ou vérités. Semez des erreurs, vous aurez abondance, accablement de misère, semez des vérités, vous récolterez l'amour, la justice, le bien-être. L'éducation est tout. Un écrivain célèbre a publié, de nos jours, un livre qui a été lu avec avidité, ce livre a pour titre : *La révolution sociale démontrée par le coup d'Etat du 2 décembre*. L'auteur, malgré son talent, n'a pas démontré, le moins du monde, la révolution sociale, c'est vainement qu'il cherche cette démonstration. Pourquoi cela ? C'est qu'un gouvernement est toujours, comme nous l'avons dit, l'expression de l'idée de son temps. En effet, quelle était l'idée dominante au 2 décembre 1851 ? C'était l'idée dictatoriale, tous les partis voulaient la dictature. Orléanistes, légitimistes, bonapartistes, républicains formalistes, démocrates et socialistes, tous, tous étaient infatués, fanatiques de dictature. Il n'y avait plus qu'à trouver le dictateur. Le dictateur devait se produire, c'était fatal, inévitable. Le dictateur pouvait se nommer roi, empereur, président, assemblée, *Changarnier* ou *Blanqui*. L'idée en était là, le fait ne pouvait se faire attendre. Je n'ai pas à faire la louange ou le blâme du gouvernement, mais je dis, qu'il était, à cette époque, l'expression de l'idée gouvernementale. L'idée qui était dans la tête, même des républicains. Que l'on ne s'y trompe plus, l'idée de dictature, c'est l'idée de monarchie dans la personne d'un seul, de quelques-uns, ou des majorités. L'idée républicaine, démocratique, est l'idée impersonnelle, c'est la chose de tous, par tous et pour tous, c'est l'universalité, faisant directement ses propres lois par le consentement universel et à l'unanimité.

DE LA RICHESSE.

La richesse consiste dans la généralité des choses qui servent au bien-être. Il faut que toutes les branches de la production soient organisées pour qu'elles rendent, en quantité et en qualité, ce qui constitue ce bien-être. Il faut qne toutes ces branches de la production soient en harmonie, soient organisées de manière que l'abondance règne dans toutes les choses nécessaires, utiles, agréables. Si une seule branche de la production est en progrès, les arts par exemple, l'industrie sera pauvre. On pourra posséder des tableaux, des musées, des monuments et manquer des choses de première nécessité. Par la même raison, si la science est négligée, les procédés, les perfectionnements ne peuvent se produire, tout devient routine, tout languit. Par l'organisation de la production, toutes les aptitudes se produisent et fonctionnent librement, le travail attrayant succède au travail pénible et rebutant, les machines décuplent et centuplent la richesse et fonctionnent au profit de tous et de toutes.

Le bien-être s'accroît, la société est heureuse du bonheur présent et prévoit un avenir plus prospère encore. La science donne la main à l'industrie, l'industrie et la science secondent l'art, et chaque travailleur est à la fois industriel, artiste, savant. Industriel quand il fait un travail mécanique, artiste quand il perfectionne un produit en lui donnant une forme plus belle, savant, quand il possède la connaissance de sa spécialité. Vouloir limiter l'instruction humaine en croyant que si les travailleurs étaient mieux instruits, ils ne voudraient pas se livrer au travail est une des erreurs les plus grandes. L'expérience démontre que si les travailleurs étaient mieux instruits, les perfectionnements, les inventions donneraient à la société une richesse incalculable. Pour preuve de ce que j'avance, il n'y a qu'à examiner par qui les perfectionnements et les découvertes se sont produits et l'on restera convaincu que tous les bienfaiteurs de l'humanité étaient, non-seulement des hommes de génie, mais qu'ils étaient surtout les plus instruits. Mettre l'instruction à la portée de tous et de toutes, c'est le moyen le plus sûr d'augmenter la richesse générale, le moyen unique pour empêcher les révolutions.

La société actuelle peut nous donner une idée très-imparfaite il est vrai, mais suffisante du plus ou du moins de richesse d'un individu, d'une nation, selon le progrès général qui s'opère dans les diverses branches de la production.

Exemple : Il y a cent ans, un homme possédant 100,000 livres de rentes ne pouvait pas se procurer la même quantité ni les mêmes qualités des choses que l'on peut se procurer de nos jours, avec dix mille livres. Cela étant, il résulte que celui qui possède dix mille livres de rentes, aujourd'hui, est réellement plus riche que le premier. La richesse consiste, donc, dans l'universalité de la production. La production s'étant accrue dans la même proportion, par ce qui est nous pouvons prévoir ce qui sera quand la vérité, la raison auront détruit la routine et l'erreur. Il n'y a, donc, pour l'humanité, qu'une loi, qu'un principe, qu'une vérité, le bien-être, qu'un moyen de réalisation, l'organisation du travail. L'organisation du travail, loi du progrès, nous met à même de réaliser le bien-être, la liberté, le développement des facultés, la souveraineté individuelle, la loi de l'unanimité, le consentement universel. La division du travail et son organisation dénoue le problème du gouvernement direct, tout par tous. Telle est la puissance de la vérité, qu'aussitôt qu'on la possède tout se simplifie. A l'unanimité ! Oui, il faut organiser le travail pour donner à tous et à toutes la plus grande somme de bien-être ; il faut organiser le travail pour détruire la misère ; il faut organiser le travail pour anéantir les révolutions, les haines ; il faut organiser le travail pour que le producteur ne meure plus de faim, pour que le riche ne meure plus de peur. Il faut organiser le travail, pour fusionner les classes, pour étouffer l'envie et la convoitise, il faut organiser le travail pour détruire le parasitisme et les fonctions inutiles. Il faut organiser le travail, pour guérir ces plaies hideuses, le vol, la mendicité, la prostitution, il faut organiser le travail, pour élever cette moitié du genre humain, la femme, cet être de beauté, d'amour et de dévouement, au niveau de l'égalité.

Cette victime de la force brutale, cette moitié du genre humain qui est hors de la loi civile et religieuse, c'est notre mère qui nous a donné la vie, son lait et ses soins ; c'est notre sœur, l'amie, la compagne de notre enfance, c'est l'amante que nous donne l'amour, la poésie, c'est l'épouse adorée, la compagne de notre vie, c'est la mère de nos enfants. Femme, ô ma sœur ! le règne de l'homme fut la conquête, l'esclavage, l'oppression, la misère ; ton règne à toi, sera celui de l'abondance, de l'amour, de la justice, de la liberté.

Résoudre le problème de l'organisation du travail, c'est résoudre le problème de la liberté individuelle, de la justice du gouvernement direct. C'est avoir raison des lois oppressives, des constitutions, des délégations. C'est faire tout soi-même, par soi-même, pour soi-même, c'est la liberté, c'est la dignité humaine, dans leur force, dans leur indépendance, dans leur majesté ; c'est créer l'ordre où régnait le chaos. Tout est dans le travail, il n'y a que cela, ôter le travail, c'est supprimer le soleil, la vie. Organiser le travail, c'est organiser la société, l'ordre, la richesse. Qu'est-ce donc que le travail?

Le travail c'est la vie, la vérité et la loi même du mouvement, de l'harmonie, de l'ordre.

QU'EST-CE QUE LA POLITIQUE.

L'ombre, la chimère, l'erreur. La politique, a dit l'Académie, c'est l'art de gouverner. Ce n'est donc pas une science. Un roi qui passait, de son temps, pour un fin politique a donné de cet art cette abominable définition: Diviser pour régner.

Un diplomate moderne a dit : « La parole a été donnée à l'homme pour déguiser sa pensée. » Si telle est la politique, elle me fait horreur et je la tiens pour un cercle vicieux, pour un labyrinthe, pour un enfer, pour une erreur, enfin, de laquelle il faut sortir. C'est la guerre, c'est la mort, n'y touchez pas! Sortons de cet antre! La politique c'est le passé. La science, la vérité, c'est l'avenir.

La politique c'est la conquête, la domination. Le travail, a dit le poète populaire, c'est la liberté.

Qui peut organiser le travail, qui chargera-t-on de ce soin? C'est tout simple. Les travailleurs organiseront le travail, chacun dans leur spécialité. Les agriculteurs s'organiseront entr'eux et de même les astronomes. A chacun sa science pratique. Un laboureur serait maladroit pour diriger le télescope, M. Arago n'y verrait goutte pour tracer un sillon.

Dans notre pensée, l'organisation du travail doit élever le niveau du bien-être général, doit opérer la fusion des classes. Dans cette organisation tout le monde doit trouver son avantage, le plus riche comme le plus pauvre. Si mon idée devait coûter un centime à ceux qui possèdent le plus, je la croirais mauvaise, elle devrait être, par cela seul, rejetée, car s'il en était ainsi je n'aurais pas la loi de l'unanimité et mon idée est cela ou n'est rien. La vérité est, ou elle n'est pas, si elle est, elle est à l'avantage de tous et de toutes.

Exemple : Quand une découverte se fait, elle est réellement bonne si elle est utile à tous. Ainsi les chemins de fer abrègent les distances. Je vous le demande, cette découverte n'est-elle pas aussi utile au plus riche comme au plus pauvre ? Les chemins de fer en abrégeant les distances pour un, ne les abrégent-ils pas pour tous, et dans ce cas le riche n'est-il pas lui-même plus intéressé à leur établissement que le pauvre? Oui! Eh bien! il en est de même de tout ce qui facilite, augmente, améliore la production. Qu'on me passe cette supposition; il y a trois hommes ou trois classes dans la société : l'une ne possède que ses bras et son intelligence, l'autre une position aisée sans opulence, la troisième est très riche. Si je trouve le moyen d'améliorer la position de la classe la plus pauvre et la plus nombreuse aux dépens des deux autres, j'aurai ces deux classes contre ma méthode. Si j'améliore la position de deux classes, la plus pauvre et la moyenne, au détriment de celle qui possède le plus, j'aurai cette dernière contre moi. Si, au contraire, ma méthode augmente la richesse de ces trois classes en les fusionnant de telle sorte que la plus riche d'aujourd'hui soit plus riche, encore, qu'elle l'est de nos jours et que la plus pauvre puisse devenir, si elle le veut, aussi riche que celle qui l'est le plus, ma méthode est absolument bonne. Sitôt qu'elle sera comprise elle sera appliquée, c'est l'affaire du chemin de fer. Nous aurons l'unanimité, car nous serons dans la vérité.

M'objectera-t-on que le chemin de fer a ruiné bien du monde ? c'est une question d'indemnité, nous en parlerons.

ORGANISATION DU TRAVAIL, L. BLANC.

Le fait est la représentation de l'idée. Selon que l'entendement humain émet, dans un temps, une idée, l'accueil, la réussite de cette idée donnent la mesure de sa justesse, de sa force, de sa valeur. A l'œuvre, dit le proverbe, on juge de l'ouvrier. On peut dire : l'expérience fait justice d'une idée. En 1848, la révolution éclate, la société travaillée par le besoin de s'améliorer et de progresser, se lève comme un seul homme, chasse le roi, brûle le trône, l'air retentit d'un cri immense, unique : *Organisation du travail, droit au travail* !

Déjà, dans l'insurrection de 1832, les prolétaires Lyonnais avaient inscrit sur leurs drapeaux : *Vivre en travaillant ou mourir en combattant !*

Cette inscription sublime, ce cri de justice et de haute moralité de ce grand peuple, justifie la révolution. *Droit au travail, organisation du travail.* Quoi de plus juste et de plus grand? il ne manque plus qu'une chose, l'idée organisatrice. L'idée était produite et personnifiée dans un homme. M. L. Blanc était cet homme. A lui la mission de la réaliser, mission à faire envie aux dieux, moissons de gloire et de reconnaissance éternelle à recueillir, si l'organisation répond à l'attente générale. Les conférences du Luxembourg sont organisées, les économistes, les républicains, les socialistes, les délégués, tout ce qu'il y a de plus intelligent, de plus compétent est appelé à mettre la main à l'œuvre. Le problème doit se résoudre à la satisfaction générale, si l'idée répond à l'attente générale, en tous cas à l'avantage du prolétariat.

Déception ! — L'idée organisatrice va mécontenter tout le monde, cette idée est fausse, le sentiment seul est vrai.

Voici cette idée :

Le gouvernement nommerait des inspecteurs

à l'effet d'organiser des petites associations ouvrières, l'Etat créditerait lesdites associations. Ces associations seraient en mesure de faire concurrence à l'industrie privée et elles s'augmenteraient sans cesse jusqu'à ce qu'elle fussent générales. Dans ces associations, toutes fraternelles régnerait la communauté de salaire. Voilà le moyen proposé par M. L. Blanc.

Voyons les faits que ce moyen, cette idée devait produire :

Ces associations feraient concurrence à l'industrie privée, concurrence d'autant plus redoutable, pour les patrons, qu'elle serait protégée par l'Etat. Mais, c'est la ruine de tous les patrons, de tous les fabricants, de tous les concurrents ! Un cri d'indignation, de terreur, d'effroi, répond à cette proposition. La bourgeoisie menacée d'une ruine générale, inévitable, se lève en masse, se coalise. Depuis l'humble patron, qui n'occupe qu'un seul ouvrier, jusqu'au capitaliste, c'est une coalition formidable, innombrable qui s'organise instantanément. Voilà la réaction, la contre-révolution. Quelle est cette force de résistance, l'avait-on calculée, c'est le capital, c'est l'épargne, c'est la classe qui possède l'instrument du travail, les machines, la pratique des affaires. Ses griefs sont-ils légitimes? écoutez-les.

Comment voulez-vous que moi qui ai travaillé pendant 20 ans de ma vie, qui me suis fait à force d'économie, de privation, de labeur et de persévérance une clientèle qui me permet de vivre honorablement, de donner un morceau de pain à mes enfants, je puisse me priver d'ouvriers. Vous voulez m'enlever ma clientèle, me réduire à la misère, me forcer d'aller travailler avec des ouvriers, ayant d'autres habitudes que les miennes, et cela pour 2 francs par jour? Vous appelez cela de la fraternité? Mais c'est ma ruine, la ruine de mes enfants, plutôt la mort, à bas la République!

Cette réaction devait se produire, c'était fatal La révolution devait avoir contre elle, la bourgeoisie en masse. A défaut de la bourgeoisie, les ouvriers, les employés pouvaient au moins concourir, sans exception, à l'organisation nouvelle;

car si pour le moment, les privilégiés de la classe ouvrière, hommes de dévouement, pour la plupart, devaient trouver un salaire inférieur dans l'organisation, ils y gagnaient, au moins, en dignité, puisqu'ils s'affranchissaient du patronage. Cette compensation semblait suffisante et la perspective d'un avenir meilleur pouvait leur faire sacrifier momentanément une partie de la somme qu'ils gagnaient en plus chez les patrons... Erreur!... On ne fonde rien avec le dévouement seul, l'homme veut jouir toujours et de suite, et ne consent à quitter ses haillons, quels qu'ils soient, qu'avec la condition, qu'avec la certitude d'un vêtement meilleur. L'homme ne consent à changer sa position que pour une position au moins équivalente. Le plus grand nombre de ceux qui étaient le mieux rétribués, plus les ignorants, firent cause commune avec les patrons, au moins tacitement. Restaient les hommes convaincus, les hommes de dévouement. Oh! ceux-là aussi devaient succomber : mais après une lutte de géants, après une persévérance sublime, héroïque. Que d'actes de dévouement, que de sacrifices, ces hommes d'élite se sont imposés pour s'affranchir du joug de la maîtrise, pour concourir à l'indépendance, à l'égalité devant le travail. Ils sont tombés, mais leur défaite atteste qu'ils sont dignes de la liberté. La guerre a eu ses héros, ses demi-dieux, les associations ouvrières ont eu les leurs. L'histoire équitable le redira à la postérité. Elles sont tombées ces phalanges ouvrières, ces messagères de l'avenir. Que leur a-t-il manqué pour réussir, est-ce l'intelligence? Non! c'étaient des hommes intelligents, les meilleurs ouvriers, les plus moraux, les plus laborieux. Est-ce la clientèle? Non! Le travail abondait de toutes parts, les clients leur étaient sympathiques, empressés, patients, et elles sont tombées.

L'idée était impraticable, voilà l'énigme. Dans la communauté des salaires, celui qui fait le moins se croit souvent volé et récrimine sans cesse. Dans la communauté du travail, il n'y a ni liberté, ni dignité, ni responsabilité, l'individualité humaine est anéantie et l'homme veut assez d'espace pour se mouvoir, pour agir, pour se manifester, l'idée est fausse. M. L. Blanc est un homme de cœur, d'intelligence, mais il n'entendait rien à l'organisation du travail, il s'est trompé. Il faut lui tenir compte de ses bonnes intentions et de tout le bien qu'il a voulu nous faire. Le peuple ne l'oubliera pas, car le peuple a la mémoire du cœur.

QU'EST-CE QUE TRAVAILLER?

Travailler c'est faire une œuvre utile, c'est contribuer au bien-être individuel et au bien-être général, par la production des choses utiles au développement des facultés humaines, par tout ce qui peut nous rendre fort, moral, intelligent.

Pour nous diriger dans la voie de la vérité, la société actuelle est peu propre à nous indiquer ce qu'il faut faire, il n'en est malheureusement pas de même pour ce qu'il faut éviter. Ainsi nous pouvons distinguer, dans la société présente, trois catégories de travail, que j'appellerais ainsi : travail utile, travail inutile, travail nuisible, plus les oisifs.

Nous avons dit ce que c'est que le travail utile. Je veux indiquer, seulement, ce qui est inutile et ce qui est nuisible. Ma mission à moi n'est pas de faire de la critique, c'est d'édifier. Je place dans la catégorie des inutiles, ceux qui ne produisent pas et qui travaillent pourtant, tels que les mendiants, une foule innombrable d'employés, d'intermédiaires, de bureaucrates. Nous n'en finirions plus, j'indique.

Les travailleurs nuisibles sont ceux qui concourent, directement ou indirectement, à faire le mal, par des moyens honteux, que la conscience désavoue ou par des vices tolérés, tels que la prostitution, les maisons de jeux, etc., etc.

Ajoutons à cela les parasites, les chômages, l'ignorance, le manque de débouchés. Le travailleur ne recevant pas l'équivalent de ce qu'il produit, ne peut en consommer qu'une faible partie il résulte, nécessairement, de là, chômage, misère.

S'il était possible de faire la statistique exacte du petit nombre de ceux qui produisent réellement les choses d'utilité, on serait étonné, tellement il est restreint. En échange, on ne le serait pas de la misère et de sa cause. Et l'on parle d'ordre et de liberté, dans un temps où il n'y a, peut être, pas un producteur sur dix, c'est le comble de la démence. Il n'est donc pas étonnant que cette masure, que nous appelons société, s'écroule de toutes parts et que chacun craigne d'être englouti sous ses décombres. Faut-il donc qu'elle périsse la moderne Babylone? Non, la société ne périra pas, l'erreur a fait son temps, la vérité a lui. Frères, au travail! tout est là, c'est la voix de l'unanimité!

Nous avons signalé les parasites, les travailleurs inutiles, les travailleurs nuisibles. Toute la question, c'est de les transformer en travailleurs utiles; ils ne demandent pas mieux, ils souffrent comme nous, car, dans l'humanité, quand un seul homme souffre par le manque d'organisation, tous les hommes ressentent la même douleur. Qui ne sait les tortures et les privations du prolétariat, qui ne sait les angoisses, les tribulations, les insomnies du commerçant et du patron? Qui ne sait les craintes, les frayeurs du riche? Est-il un seul homme en sécurité? En est-il un seul qui ne soit inquiet du lendemain? Tous sont malheureux, tous veulent être heureux. Voyageurs égarés par la guerre, par la politique, par la chicane, par la foi. Ouvrons les yeux! examinons, organisons, non plus la destruction, mais la production; non plus la politique, c'est l'ombre, la chimère; mais le travail, qui est la vérité. Plus de division qui est la faiblesse et la haine, mais l'unité qui est la force, l'amour. Nous l'avons dit, notre but n'est pas de faire la critique du mal qui existe, mais de l'indiquer et de présenter le remède que nous croyons efficace à le guérir et à le prévenir.

DE LA VALEUR.

La vérité, la loi morale, est la base sur laquelle doit reposer l'ordre social. La loi de l'unanimité est la boussole, la base, la pierre de touche, le critérium pour reconnaître la vérité ; la détermination de la valeur est la base de l'organisation du travail. Elle est l'essence de toute justice dans la rémunération. Sans la rémunération exacte, sincère, intégrale, de la valeur, il y aura toujours, dans la société, des humains qui se tromperont les uns les autres et souvent sans le savoir et sans le vouloir. Que vaut un produit, que vaut tel produit dans l'état actuel? Nul ne le sait. Ici, comme sur une multitude de points essentiels, le travail est livré au hasard, au caprice, à la cupidité, à l'ignorance. Vainement le législateur s'efforcerait d'établir la justice, l'ordre, la morale dans la société. Tant que la valeur ne sera pas déterminée, tant qu'une solidarité intime ne garantira pas , n'assurera pas, à chacun et à tous, à chacune et à toutes, l'intégralité de son produit, la société s'agitera sur son grabat de misère et d'iniquité. Pour organiser le travail il faut l'instrument de précision, la mesure unique, la balance certaine à l'aide de laquelle on puisse apprécier sûrement le travail de tous et de toutes. C'est ce que les économistes appellent la valeur. La valeur jusqu'à ce jour est arbitraire. C'est la base de toutes les iniquités sociales et de la misère qui en est la suite inévitable. La valeur réelle, c'est le temps qu'il faut pour produire un objet, telle qualité et telle quantité de travail. La mesure dont il faut se servir, c'est le temps, c'est l'heure, c'est la journée, la semaine, le mois, l'année, en se basant toujours sur une moyenne. Exemple : Dans le temps actuel, pour faire un habit, il y a quelques travailleurs, c'est l'infime minorité, qui peuvent le faire en quatre jours, ce sont les plus habiles. Il y en a d'autres, c'est la minorité, auxquels il faut huit jours, ce sont les plus lents. Entre ces deux extrêmes il y a la moyenne, qui est l'immense majorité, à laquelle il faut six jours pour le faire. Or, si ceux qui font des habits, ont à déterminer le temps qu'il faut pour les confectionner, ils diront : la moyenne, c'est six jours ; si la moyenne de la production doit donner 4 francs par jour, naturellement l'habit doit être payé 24 francs.

La valeur c'est la représentation exacte d'un produit, c'est recevoir en argent, en billets, en travail une somme équivalente à ce qu'on a produit. Exemple: Quand un travailleur fait une journée de travail à l'un de ses camarades, celui-ci, à son tour, lui rend une journée de travail; ou bien, la somme que l'on paye, en moyenne, dans cette spécialité. C'est l'équivalent, c'est l'égalité, c'est la justice dans l'échange, la réciprocité du service.

Dans la société actuelle, la valeur est arbitraire. Tel travailleur produit peu et gagne beaucoup, tel autre produit beaucoup et gagne peu. De cette inégalité dans la rémunération il résulte que, l'injustice étant à la base de la production du travail, qui est tout et sans lequel il n'y a rien, l'injustice, l'iniquité, l'oppression, l'inégalité pénètrent dans toutes les branches de la société. C'est une sève empoisonnée qui se répand dans le corps social, qui atteint toutes ses artères, qui gangrène tous ses membres, c'est une peste qui se transmet d'individu à individu, de génération en génération, c'est, en un mot, la cause du désordre, de la misère, de l'ignorance, c'est le mal, le mal, le mal et cela, même, pour ceux qui en profitent.

Voulons-nous être heureux? Soyons justes, organisons la valeur, la réciprocité, l'égalité de l'échange. J'en appelle à l'unanimité de tous ceux qui veulent consommer, produire, échanger.

DE LA DIVISION DU TRAVAIL.

Chaque industrie se divise en une quantité de spécialités. Plus le travail est divisé, plus la production s'accroît, plus le travailleur se perfectionne dans sa partie. Chaque travailleur faisant plus souvent une même chose, la fait plus vite et la fait mieux. Si un individu était obligé de faire toutes les opérations pour se suffire, il travaillerait longuement, péniblement, et ne produirait pas son strict nécessaire. Au contraire, faisant une seule et même chose, et échangeant son produit sur la base de l'égalité, de la justice, de la réciprocité, il se procure le nécessaire, l'utile, l'agréable, et produire devient un plaisir pour lui, s'il cultive une spécialité de travail, d'après ses goûts et ses aptitudes. Est-il besoin de dire qu'un être isolé ne peut vivre, que tout se tient dans l'univers, qu'il existe une solidarité intime dans les lois universelles, et que, du jour où l'être connaîtra les lois naturelles, il rentrera dans la plénitude de jouissance que lui permet sa riche organisation ?

A l'avantage que nous venons de signaler par la division du travail, vient s'en joindre un autre, non moins précieux, c'est que le travailleur acquiert la connaissance exacte de la quantité de temps qu'il faut, en moyenne, pour produire telle qualité et telle quantité de travail, ce qui rend facile le travail aux pièces, la détermination de ce que vaut un produit et donne plus de liberté au travailleur, condition essentielle de dignité, de responsabilité et d'émulation.

DE L'ECHANGE.

Le travailleur ne consomme pas son produit, ou du moins tout son produit, puisque, par la division du travail, il ne produit qu'une chose et qu'il en consomme plusieurs. Il en résulte la nécessité de l'échange. Ici le mécanisme est aussi simple. Nous savons que la valeur d'un produit s'apprécie par le temps qu'il faut pour le produire, il s'en suit que l'échange doit être égal pour tous les travailleurs, et pour toutes les spécialités. Ainsi, si l'heure de travail est fixée à 50 centimes, le chiffre ne fait rien, un maçon, un menuisier, un médecin, un architecte, reçoivent 50 centimes pour une heure s'il travaillent à l'heure ou à la journée. Si le travailleur est aux pièces, le produit est tarifé de manière qu'il puisse également gagner 50 centimes à l'heure, il reçoit l'équivalent de ce qu'il fait et il devient habile, laborieux. Fait-il dans une heure le travail de deux heures? Boni pour lui. Fait-il, dans un jour, le travail de deux jours? C'est son affaire, il reçoit le double. Au contraire, il n'est pas dispos, il flâne; il reçoit l'équivalent de ce qu'il fait, ça le regarde, il est libre; plus il fait, plus il gagne; moins il fait, moins il gagne. Il ne relève que de lui-même, il travaille peu ou beaucoup, il se suffit c'est son affaire. Il a son droit, il fait ce qu'il veut, nul n'a rien à lui dire. Il a son devoir, c'est de remplir les engagements qu'il a contractés avec sa spécialité, de livrer son travail au temps qu'il a promis et un travail de bon aloi. Il en est responsable, car il est libre, son produit porte son nom et son numéro d'ordre afin qu'il soit jugé sur son œuvre, non-seulement par les membres de sa spécialité, mais aussi par le consommateur. Il faut qu'il reçoive le blâme ou la louange, le châtiment ou la récompense.

A chacun selon ses œuvres ! c'est la justice de l'unanimité.

En disant que si l'heure de travail était fixée à 50 centimes, un maçon, un menuisier gagneraient autant qu'un architecte, qu'un médecin, il s'est élevé un murmure de la part de ces derniers qui semblait dire, vous n'avez plus l'unanimité ! A cela je pourrais faire beaucoup de réponses, je n'en ferai que deux. La première, c'est que quand la société sera fondée sur le travail, sur la vérité, sur la justice, il ne sera pas plus difficile de faire un médecin et un architecte que de faire un maçon et un menuisier. Mais pour l'instant nous avons mieux que cela ; nous promettons de faire la preuve, en son lieu, que quand le travail sera organisé, l'architecte et le médecin gagneront plus qu'ils ne gagnent aujourd'hui avec bonheur, contentement et sécurité et que les maçons et les menuisiers pourront gagner autant s'ils le veulent. Quand tout le monde gagne dans une affaire, tout le monde est content : nous aurons l'unanimité, car nous serons dans la vérité.

Il y a une autre objection qui ne peut manquer de se produire si mon idée voit le jour, c'est que la valeur varie incessamment et que telle spécialité peut produire tel perfectionnement qui la mette à même de produire davantage que telle autre. A cela je réponds, à l'avance, que quand toutes les aptitudes se produiront librement, les perfectionnements et les inventions iront de pair et d'équilibre.

L'intime solidarité qui existera entre toutes les branches de la production, comme entre tous les humains, rétablira toujours l'harmonie. Il est impossible, quand tout sera organisé et solidarisé, qu'un perfectionnement dans une spécialité n'appelle pas un perfectionnement équivalent dans toutes les autres.

Quant aux inventeurs, ce n'est pas à nous à stimuler leur zèle. Voulez-vous leur donner de l'argent ? ils ne seront jamais assez payés. Voulez-vous leur frapper des médailles, faire des mentions honorables, leur dresser des statues ?

je m'abstiens. Quant à moi, pauvre hère, ce qui me stimule, c'est le besoin de vous dire ce que je pense. Mon cerveau ne peut plus contenir mon idée, je ne demande rien, pas même de l'argent.

MOYEN POUR ORGANISER LE TRAVAIL

Chaque spécialité de travailleurs aurait son journal rédigé par des travailleurs de cette spécialité. Tous ces travailleurs sont parfaitement compétents pour savoir le temps qu'il faut, en moyenne pour produire telle quantité et telle qualité de travail. Il est impossible que ceux qui ont fait pendant dix, quinze, vingt ans, une même chose, ne connaissent pas cela en se basant, comme nous l'avons dit, sur une moyenne.

Ici tous les producteurs, dans une spécialité, sont compétents au même titre, au même degré ; tous et toutes peuvent traiter en pleine connaissance de cause et directement.

Le journal ne s'occupant que de sa spécialité, est l'expression exacte, le miroir fidèle de cette spécialité.

Il a donc les documents voulus, les renseignements qui lui viennent de toutes les sections pour établir une statistique de la spécialité, du personnel dont elle se compose, de la production et de la consommation moyennes, les tarifs des prix, les perfectionnements produits, ceux qui sont à l'étude, les débouchés nouveaux, le nombre d'apprentis qu'il faut augmenter ou diminuer pour équilibrer la production avec la consommation.

Tous les travailleurs de la spécialité ont des réunions périodiques ou extraordinaires dans tous les pays où il y a des travailleurs de cette spécialité, lesquels sont, comme nous l'avons dit, groupés par sections et séries. C'est dans ces réunions que l'on traite de tout ce qui a rapport à son objet. Le résumé des délibérations est adressé au journal, par l'intermédiaire de la commission centrale d'initiative. Le résumé de toutes les délibérations étant reproduit par le journal, et chaque travailleur le recevant, cela fait que tout est connu de tous et de chacun, et que tous et toutes concourent, directement et en pleine connaissance de cause, à la chose commune et pratique.

Or, n'est-il pas évident que l'accord est unanime sur toutes les questions que l'expérience a démontrées et que, quant à celles qui sont à l'étude, l'accord se produira après l'expérience?

S'agit-il d'un procédé nouveau, matière à discussion? On le compare à ceux qui sont en vigueur. Il leur est inférieur ou supérieur. S'il est inférieur, il n'en est plus question; s'il est supérieur, c'est l'intérêt de tous et de toutes de l'accueillir. L'unanimité se fait avec la lumière, sitôt que la vérité se produit.

Une proposition est faite par la commission centrale d'initiative : le journal la publie. La proposition est examinée, discutée dans toutes les réunions. Chaque section adresse son procès-verbal à la Commission d'initiative, le journal le reproduit. Sitôt que la chose est acceptée, elle est en vigueur. C'est la loi de l'unanimité, de la vérité, de la liberté.

De même qu'il y a un journal spécial, il y a le

journal général, le Moniteur universel du travail, qui résume en lui toutes les spécialités, statistiques, règlements, conventions, lesquels varient sans cesse comme les perfectionnements et le progrès qui montent toujours et élèvent, sans cesse, le niveau du bien-être individuel et général.

La Commission d'initiative centrale, soit spéciale, soit générale, n'a point d'autre mission que de faire les propositions qui lui ont été soumises par l'initiative individuelle ; elle est purement et simplement la rédaction de la pensée publique.

DE L'ORGANISATION DE LA COMMUNE.

Le travail se divise en spécialités. Un peuple, une nation, l'humanité se divisent en communes. Supposer une spécialité du travail organisée, c'est supposer l'organisation intégrale du travail. Par la même raison, supposer l'organisation d'une commune, c'est supposer l'organisation de l'humanité entière. Une commune peut-elle voter ses recettes et ses dépenses? Peut-elle s'administrer? Peut-elle avoir dans son sein son conseil communal, son conseil de prud'hommes, son conseil de famille pour pacifier les différends qui peuvent s'élever parmi les citoyens? Peut-elle avoir son garde-champêtre, son médecin, sa pharmacie, son greffier faisant l'office de notaire, son instituteur, son prêtre? Peut-elle avoir sa ferme école, sa cave, son grenier, son écurie, ses machines, son bazar ou entrepôt, où tous les produits se trouvent réunis, marqués, cotés ? Cette commune peut-elle faire toutes ces choses pour elle-même et par elle-même ? Cela n'est pas contestable. Qui, mieux qu'elle, connaît ses besoins et ses ressources, qui est mieux à même de juger sa propre situation ?

La commune peut, donc, s'administrer, se gouverner directement, sans délégué, sans représentant. Tous et toutes peuvent et doivent prendre une part directe à la chose publique, comme, dans la corporation. Le gouvernement direct est possible et, j'ajoute, le seul vrai.

La commune, non plus que la corporation, ne peut vivre isolée, elle a des rapports nécessaires avec le canton, le département, la nation, l'humanité. Ici le moyen de communication est le même ; c'est toujours la lumière, la publicité. La commune a son journal ne traitant que des affaires de la commune ; le canton a son journal ne traitant que des affaires du canton ; ainsi pour le département, ainsi pour la nation.

Est-il nécessaire d'élucider quelque question, ou de passer des conventions ? Des congrès peuvent avoir lieu où toutes les communes, comme toutes les corporations, peuvent être représentées. Mais la mission des délégués est limitée à la signature des conventions, c'est toujours la chose directe de tous et de toutes, c'est toujours la loi de l'unanimité.

DE LA NATION ET DE LA CENTRALISATION.

En parlant de l'organisation du travail, de l'organisation de la commune, nous y avons fait concourir, directement et à l'unanimité, l'universalité des humains, ce qui découle naturellement de notre méthode. Ici il n'y avait point d'objection possible contre l'unanimité, puisque la chose est pratique et connue de tous et de toutes, soit par rapport à la spécialité, soit par rapport à la commune.

Elle ne paraît pas si simple par rapport à la nation et à l'humanité; pour nous, elle est la même. La raison de cela est que nous prenons pour point de départ un principe supérieur, incontestable, qui est le bien-être et faisons, constamment, graviter l'universalité vers cette unité. Nous simplifions, voilà tout!

Sur quoi repose jusqu'ici la centralisation?

elle repose sur une chose, l'impôt! C'est l'impôt qui lui donne la puissance, la vie. L'impôt est aujourd'hui, l'âme et le nerf de la centralisation. Or, quand il s'agit de faire concourir, directement, l'universalité à la confection de ses propres lois à l'unanimité, tout se réduit à ceci : Le peuple peut-il voter l'impôt? Mais d'abord, qu'est-ce que l'impôt? Je suis imposé, par qui et pourquoi ? De quel droit, m'impose-t-on. Ce nom *impôt* est l'expression de la force; je suis traité en vaincu, en ennemi, c'est la vieille société, c'est la loi du plus fort, ce n'est pas la raison.

Ce mot sera donc rayé de notre dictionnaire et remplacé par celui de solidarité, d'assurance, assurance générale contre tous les risques.

Le peuple, tous et toutes peuvent-ils voter l'assurance? Nous allons essayer la méthode.

Si la méthode est bonne, si nous sommes dans la vérité, nous aurons l'unanimité.

Je commence par la guerre; je m'adresse à tous les pères, à toutes les mères. Pères et mères, voulez-vous voter 400 millions, 400 millions pris sur votre travail, sur vos privations, pour envoyer vos enfants, le fruit de vos entrailles et de votre amour, se faire égorger pour un malentendu ou un caprice? Un cri d'effroi, d'horreur, d'indignation, repousse cette proposition barbare, absurde. Tous les pères, toutes les mères, repoussent avec épouvante, l'idée de la destruction de ce qu'ils ont de plus cher; pas un seul père, pas une seule mère, qui veuille voter un centime pour faire égorger son enfant. A l'unanimité l'on refuse l'argent et le sang. Pourquoi? Parce que la guerre est l'erreur et que la paix est la conservation, le bien-être, la vérité.

Pères et mères, voulez-vous assurer à vos enfants l'instruction, l'enseignement d'un métier, leur bien-être? A l'unanimité on accueille cette proposition. Pourquoi? Parce que c'est la vérité. Nous pourrions multiplier les exemples et nous aurions toujours l'unanimité pour résultat. Tous et toutes seront capables de concourir directement à la chose commune, quand la vérité aura pénétré dans l'entendement humain.

Aujourd'hui que la société repose sur l'erreur et sur la force, nous déclarons volontiers que la femme ne peut pas concourir à la confection des lois et que Proudhon avait raison, peut-être, en s'opposant à la prise en considération de la candidature de madame Jeanne Derouet. Une femme siégeant dans une assemblée politique, cela serait anormal dans notre vieille société, basée sur la force et l'erreur. Dans une société semblable, la force seule règne et l'homme, qui en est le type, doit seul forger la chaîne de fer qui le mutile, le crétinise, l'avilit ; c'est à lui-même à créer l'instrument de son supplice.

Le contraire doit exister dans la société de l'avenir, qui aura pour base, le travail, l'amour, la raison. Dans cette société ce ne sera plus la loi d'un seul, de quelques-uns, des majorités, mais la loi de tous les humains, de la femme et de l'homme, la loi de l'unanimité, la loi du frère, de la sœur, de la famille humaine, dans son unité, dans la vérité. Dans cette société de l'avenir il n'y aura plus des maîtres et des esclaves, des seigneurs et des serfs, des nobles et des manants, des bourgeois et des prolétaires, des honnêtes gens et de la vile canaille, des tuteurs et des mineurs, mais des humains égaux devant le travail. Le travail de la femme ne sera plus avili, exploité, elle ne se prostituera plus pour donner le morceau de pain que lui demande en pleurant son enfant affamé. Elle sera libre, elle travaillera, son travail lui suffira ! C'est le cri de l'unanimité, de tous ceux qui ont une mère, une sœur, une amante, une épouse, une fille.

DE LA TRANSFORMATION DE LA PROPRIETÉ.

La terre est l'instrument du travail, la mamelle du genre humain. Elle est, comme tous les éléments, nécessaire, indispensable à tous et à toutes. L'être humain ne peut pas plus se passer de la terre qu'il ne peut vivre sans air, sans chaleur, sans soleil, sans eau. L'humanité la féconde par son travail, l'assainit, l'embellit. Un jour, par le travail de l'être humain, la terre sera telle, qu'elle est décrite dans l'Écriture, un véritable Eden, l'humanité tirera de son sein tout ce qui lui sera nécessaire, utile, agréable. Mais pour en arriver à cet idéal, il faut, de toute justice, que la terre redevienne ce qu'elle est par la loi providentielle : la propriété publique et commune.

Ainsi l'a voulu la nature, ainsi le veulent la raison, la justice, l'équité, le bien-être individuel et le bien-être général. Sortant des mains de la nature, la terre est une comme la vérité.

Telle partie n'était pas réservée à celui-ci, plutôt qu'à celui-là, il n'entre pas plus dans le plan providentiel de la distribuer aux aînés que de la distribuer aux cadets de la famille humaine.

Par une erreur naturelle, les hommes se sont approprié le sol par la violence, par la conquête, ils ont déchiré, morcelé les entrailles de la mère commune, ils ont planté des barrières, ils ont réduit leurs frères en servitude et, depuis, sous des dénominations diverses, il y a eu sur la terre ce spectacle affreux des maîtres et des esclaves.

Il n'entre pas dans le plan de cet écrit de faire la critique du mal, l'auteur se propose une mission plus consolante, c'est de présenter les moyens qu'il croit propres à le guérir et à le prévenir. Je dirai, seulement, que l'esclavage des humains n'aura complétement disparu du monde que quand la mère commune appartiendra de fait, comme elle appartient, de droit, à tous ses enfants. . . . .

La justice sociale doit garantir à tout producteur l'intégralité de ses produits, la totalité de son travail. Mais la société ne peut dépouiller aucun de ses membres de l'instrument de travail, donné par la nature à tous et à toutes, auquel nous avons des droits égaux, inaliénables.

Nous avons revendiqué nos droits, nous venons de les proclamer. Est-ce à dire que nous voulons expulser, violemment, ceux qui, aujourd'hui, ont la possession du sol? Non. Si telle était notre pensée, nous serions en contradiction avec te titre et le but de cet ouvrage, nous ne serions plus dans la loi de l'unanimité, et c'est à l'unanimité que toutes les questions doivent se résoudre.

Ne craignez point de violence ni de haine, de celui qui n'a en vue que le bien-être des humains et pour arme que la vérité.

Je veux, seulement, démontrer que les hommes ont vécu d'erreur jusqu'ici, que l'erreur n'a enfanté que l'oppression, la misère, la dégradation; que nous avons méconnu les saintes lois de la nature, la loi morale, et que ce ne sera que par la connaissance et l'observation de cette loi que nous serons dans la vérité et le bien-être.

Nous avons rétabli le droit, conformément à la nature, à la vérité ; il nous reste à démontrer comment l'appropriation et le morcellement de la terre, rendent le possesseur, lui-même, malheureux, comment la terre peut devenir commune, en augmentant le bien-être individuel et général.

INCONVÉNIENT DE L'APPROPRIATION ET DU MORCELLEMENT DU SOL.

Il en est de la terre comme de l'industrie, des arts, des sciences. Pour qu'elle puisse rendre toute la production possible en quantité et en qualité, il faut que tout soit organisé avec intelligence. Pour atteindre le résultat voulu, il faut que toutes les ressources soient combinées, tous les éléments de prospérité employés, tous les perfectionnements utilisés. Or, si nous consultons la misère générale, les épidémies, les inondations périodiques, qui dévastent nos campagnes et nous menacent d'une destruction, au moins partielle, le refroidissement de l'atmosphère, les changements subits de température dans les contrées méridionales de la France, les pluies torrentielles et les sécheresses, nous restons convaincus que tous ces fléaux viennent d'une seule et même cause : l'individualisme, le morcellement. Les savants sont tous d'accord sur ce point que le déboisement des montagnes engendre les inondations, les épidémies, le refroidissement de température, autant de maux auxquels il faut remédier. Ce remède, l'individualisme ne peut pas l'appliquer, puisque c'est l'individualisme et le morcellement qui le produisent.

Il faut reboiser nos montagnes, c'est un système général qui nous préserverait d'une ruine, qui devient de jour en jour plus menaçante. Le reboisement rendrait le climat sain et le sol d'une fertilité inouïe. Ce travail utile, nécessaire, indispensable à l'universalité, ne peut être réalisé par les propriétaires, ils n'ont pas les moyens de reboiser une partie de leurs champs. Il n'y a que la nation, elle-même, que l'universalité qui puissent réaliser des travaux si considérables. La plupart des terres pourraient être mises en prairies, il faut utiliser les eaux qui vont se perdre inutilement dans la mer, de là nécessité d'un système général d'irrigation. Ici, comme dans le cas précédent, la nation, seule, peut le réaliser. Non-seulement le propriétaire est impuissant pour des travaux si considérables, mais il est même impuissant à faire valoir le peu qu'il a. Un propriétaire est obligé de récolter dans son petit champ un peu de vin, un peu de blé, des légumes, d'avoir un pré, un verger. Or, tel terrain donnerait du blé en abondance et de bonne qualité, et ne donne que très peu de vin et de mauvaise qualité, c'est le suret. Il s'en suit que, malgré des efforts inouïs, des privations de chaque instant, le propriétaire est toujours accablé de misère. Le petit propriétaire ne peut se procurer ni l'engrais, ni les semis et les plans de bonne qualité, ni les instruments de labour, ni les machines perfectionnées, ni les bestiaux de race, ni l'argent qui l'écrase, par l'usure, le droit de location et les frais de notaire. L'impôt et le diable, tout conspire sa ruine ; sa vie est une crise, sa perspective, un enfer. Toutes ces calamités, toutes ces souffrances ont pour cause unique l'individualisme, le morcellement. La cause du mal indique le remède, au lieu du morcellement il faut rétablir l'unité du sol, tel que le veulent la loi naturelle, la raison et la science ; à la place de l'isolement, il faut créer la solidarité de la famille humaine.

Supposons l'unité du sol et la solidarité réalisées ; nous allons reboiser nos montagnes, canaliser les eaux, drainer la terre, nous aurons pour chaque commune un grenier, une cave, une écurie, des animaux de race, des engrais appropriés à la nature du sol et les productions que nous voudrons, une ferme école, des semis de bonne qualité, des machines à vapeur pour le labourage, tous les instruments perfectionnés, tous les procédés nouveaux. La terre recevra le travail qui est propre à chacune de ses parties ; cette plaine en froment, ce coteau en vignoble, cette terre en prairie. La production va décupler comme par enchantement, on aura l'abondance, la santé, la joie, la dignité, la liberté, le bien-être. Ce prodige, ce rêve peut se réaliser, il n'y a qu'à vouloir. Or, propriétaires, je vous le demande, voulez-vous votre bien-être, celui de vos enfants? En voilà le moyen, l'unité du sol, la solidarité de la famille humaine, l'organisation du travail, c'est l'intérêt de l'unanimité.

Le désordre que nous avons signalé dans l'agriculture, est le même dans l'industrie, dans le commerce, les arts et les sciences. Même cause, même effet. Qui peut nombrer les souffrances du prolétariat? Qui peut dire les tortures, les insomnies du patron et du commerçant? qui peut décrire les agitations, les frayeurs, les angoisses de celui qui s'appelle le riche? Est-il sur cette terre d'erreur, un seul homme heureux? En est-il un seul qui puisse jouir paisiblement de sa fortune? hélas! non, la crainte d'une ruine, d'une banqueroute, d'une jacquerie, est dans tous les cœurs, le trouble dans tous les esprits.

Et cependant nous pouvons nous entendre, nous voulons tous atteindre au même but, le bien-être; seulement, jusqu'ici nous avons ignoré le moyen. Frères et sœurs, le moyen est trouvé, c'est l'organisation du travail; la loi de l'unanimité par cette organisation. Par la loi de l'unanimité, celui qui possède beaucoup aujourd'hui, possèdera davantage avec sécurité, celui qui ne possède rien, possèdera autant qu'il le voudra par son travail.

LA CONCURRENCE, LA COMMUNAUTÉ DU TRAVAIL ET L'ÉMULATION PAR L'ÉGALITÉ DU SALAIRE.

De tous les fléaux qui ont affligé le genre humain, la concurrence est le plus désastreux. La concurrence telle qu'elle a été, telle que nous la voyons aujourd'hui, a plus fait de mal que la peste et la guerre. Cependant, dans la société ancienne et dans la société présente, elle semble avoir sa raison d'être. Sa mission est de solliciter l'activité individuelle, de stimuler le zèle des travailleurs et, par les perfectionnements, la multiplicité, la diversité, l'abondance des produits, nous conduire au bien-être. Rien n'était donc si légitime en principe que la concurrence. Mais, comme nous l'avons dit souvent, les humains ne se trompent jamais, ne peuvent jamais se tromper sur le but qu'ils poursuivent, qui est le bien-être, mais ils se trompent sur les moyens de le réaliser. Voyons les effets que peut produire la concurrence, et nous resterons convaincus que l'on s'est trompé sur son compte. Sur ce point, comme sur tant d'autres, nous sommes condamnés à aller au hasard tant que la loi morale ne sera pas connue. Prenons un exemple particulier du désordre que la concurrence produit, ce fait nous donnera une idée générale de ce que peut être une société basée sur une semblable erreur.

Deux hommes, deux frères ayant tété le même lait, ayant vécu sous le toit paternel, dans une intimité parfaite, se marient, s'établissent dans la même ville, souvent dans la même rue, les voilà ennemis, jaloux l'un de l'autre, l'intérêt de l'aîné c'est de désirer la ruine de son cadet. De ce jour la lutte est ouverte, ils ne redeviendront frères et amis que quand ils seront ruinés tous les deux, ou bien quand la prospérité de l'un aura contribué à la misère de l'autre.

Cet exemple suffit pour nous indiquer la source de cette haine et de cette misère qui débordent de toutes parts. Si nous l'envisageons au point de vue général, nous voyons qu'elle n'enfante que le monopole, la stagnation des affaires. Puisant sa force dans l'inégalité des salaires, au lieu de les équilibrer, elle met la main-d'œuvre au rabais. L'ouvrier gagnant peu ne peut pas acheter ; les magasins s'emplissent, plus de débouchés, plus d'affaires, la misère se traîne dans la société, c'est la stagnation, la mort du travail.

Un système contraire basé sur le sentiment sacré de la fraternité humaine produit absolument les mêmes résultats. Je veux parler de la communauté du travail et de la communauté des salaires que l'on a confondues, jusqu'ici, avec l'égalité des salaires, erreur essentielle qu'il est utile de faire observer pour ce que je me propose de soumettre au lecteur attentif.

La communauté du travail et des salaires se formule ainsi : chacun selon ses forces.

Dans la pratique, exemple : cent travailleurs

d'une même spécialité travaillent ensemble et en commun. A la fin de la journée, de la semaine, du mois ou de l'année, les produits ou l'argent sont partagés, par égale part, entre les cent travailleurs, sans tenir compte de celui qui a fait le plus ou le moins, sans regar 'er si chacun a bien employé son temps et a fait un travail équivalent à la part qu'il reçoit. Je reconnais ce qu'il y a de moral, d'élevé, de fraternel dans ce système j'honore le sentiment, l'intention qui l'ont dicté. Je rends justice aux travailleurs d'élite qui ont voulu le mettre en pratique. Je pense et je crois que, dans un temps, ce système de fraternité règnera dans le monde, mais je dis qu'il n'est pas praticable à notre époque et que la communauté du travail et des salaires est contraire au but que l'on veut atteindre, la fraternité. Mettez aujourd'hui cent travailleurs en commun et partageant également les produits. Dans un an ils seront ennemis et misérables. Vous aurez les mêmes résultats que de la concurrence, j'en appelle, sur ce point, à ceux qui en ont fait la courageuse et pénible expérience.

Non seulement la Communauté partielle dans le travail ne peut pas exister harmoniquement, mais la communauté même n'est pas naturelle et ne peut convenir à l'être humain. Je donne mes raisons en peu de mots. Si la communauté était possible, elle se développerait naturellement dans la famille et, comme en définitive nous sortons tous et toutes d'une même tige, la famille irait toujours s'agrandissant et ne se divisant jamais. Ainsi ne se passent pas les choses; l'enfant est attaché à ses père et mère par les liens du sang, par les affections les plus douces et les plus fortes, par ses propres intérêts matériels qui le sollicitent à rester avec les auteurs de ses jours; la tendresse du père et de la mère est plus vive encore pour leurs enfants, les intérêts bien plus grands pour des vieillards qui ne peuvent se suffire; et pourtant, on se sépare, on va former sa famille à soi. La raison de cela est simple; c'est que l'être humain veut être libre et qu'il a toujours besoin de se manifester sans contrainte; c'est que nul ne veut être dépendant, et que sous le toit paternel il y a subalternité pour l'enfant. L'être humain veut s'épanouir librement.

Le problème social consiste à trouver la liberté dans la solidarité ; l'un découle de l'autre.

DE L'ÉGALITÉ DES SALAIRES.

Le système de l'égalité des salaires réunit les avantages que la concurrence se propose. Il produit l'émulation qui n'en a pas les inconvénients, et il mène au but qu'on veut atteindre, par la communauté du travail, à la fraternité humaine.

XEMPLE.

Cent travailleurs d'une même spécialité organisent le travail sur la base de l'égalité de manière que les cent travailleurs aient droit à leur part de travail et que le travail soit payé proportionnellement au temps qu'il faut pour le produire, en se basant sur une moyenne, de telle sorte que celui qui fait autant et aussi bien qu'un autre, gagne autant et cela dans toutes les fonctions. Il en résulte que chacun est payé au *pro-rata* de son travail, celui qui fait beaucoup gagne beaucoup, celui qui fait peu gagne peu. Chacun se trouve intéressé à faire le plus et le mieux possible. Émulation par l'argent, émulation de satisfaction et d'estime ! Dans ce cas, il y a égalité, dignité, liberté, responsabilité pour chacun des travailleurs.

Liberté parce que vous faites beaucoup ou peu selon que vous êtes bien ou mal disposé.

Égalité, parce que vous gagnez autant qu'un autre, si vous produisez autant; ici point de récrimination, point d'injustice possible, et la fraternité découle naturellement de cet ordre qui est fondé sur la liberté et la responsabilité de chacun.

Cet exemple s'applique à toutes les spécialités pour l'unité de la valeur et l'égal échange, laquelle valeur est déterminée par la moyenne de la production générale.

Nous avons promis qu'en prenant pour base de la société, la vérité, qui est le bien-être, qu'en employant le seul moyen qui existe pour le réaliser, l'organisation du travail, de la corporation et de la commune, qu'en reconstituant l'unité du sol, celui qui possède le moins pourra posséder autant que celui qui possèdera le plus.

Nous avons dit que ce qui constitue la richesse, pour l'être humain, n'est pas la possession de l'argent et le moyen d'échange, mais les choses d'utilité que l'on peut se procurer avec cet argent ou ce moyen d'échanger. Or n'est-il pas évident que dans une société ignorante, inorganisée, la production est insuffisante, les produits imparfaits; que dans une société semblable un Crésus ne peut se procurer les commodités de la vie? N'est-il pas évident qu'un bourgeois de Paris peut se procurer des jouissances plus variées que le Grand Turc? Cependant entre la fortune de ce bourgeois et celle du sultan la différence est comme un est à cent. Si cela est, il en résulte que le plus riche des deux c'est le bourgeois. La cause en est due à l'accroissement, au perfectionnement, à la variété des produits en France. Par ce qui est, nous pouvons pressentir ce qui sera, par les progrès infinis qui peuvent se réaliser en transformant cette multitude de parasites, de travailleurs inutiles et nuisibles en producteurs d'utilité; en multipliant les machines à l'infini; en reconstituant l'unité du sol ; en donnant à tous et à toutes l'instruction et l'émulation, par le classement et le développement des aptitudes et la juste rémunération à chacun selon son travail. C'est le vœu de l'unanimité.

FUSION DES CLASSES, TRANSITION.

La Société est divisée en deux classes bien distinctes, l'une de ces classes est celle qui possède la propriété ou l'instrument du travail, que l'on nomme propriétaire ou capitaliste, patron ou commerçant. Je classe parmi les propriétaires tous ceux qui possèdent l'instrument du travail, tels que ceux qui possèdent la terre, l'argent, les maisons, les machines, et ceux qui, par un long travail, se sont créé une clientèle, équivalente pour eux à une propriété, souvent plus fructueuse, mais moins sûre.

Enfin pour ne pas multiplier les citations et et les dénominations des diverses nuances dont la possession se compose, je les classe parmi la catégorie des occupans ou patrons, car, dans ma pensée, celui qui possède une clientèle est propriétaire au même titre que celui qui possède le sol, les machines ou lés écus, bien que cette propriété soit plus mobile.

DEUXIÈME CLASSE.

La deuxième classe est celle qui ne possède que son intelligence et ses bras, ce sont les prolétaires, les employés, les ouvriers.

Il y a, dans la Société, deux classes d'hommes égaux devant la nature, inégaux devant le travail, les occupants ou les patrons, les occupés ou les ouvriers.

Les occupants ou les patrons sont la minorité, les occupés ou les ouvriers sont la généralité; position respective.

Le patron ou occupant a des frais d'installation, de représentation, des chances de pertes. Soumis à la concurrence toujours menaçante, toujours incertaine, position équivoque, mobile qui ne repose sur rien de solide, qu'une mauvaise gestion, une maladie, une perte peut ruiner, détruire, anéantir. Par la nature de sa position il faut que l'occupant bénéficie sur l'occupé qu'il emploie. Ce bénéfice, dans l'état d'anarchie et de guerre, ne peut être limité, déterminé. L'ouvrier, ayant besoin du pain de chaque jour est obligé de subir les conditions du patron quelles qu'elles soient. Telle est la Société :

Deux classes d'hommes :

L'une qui commande, l'autre qui obéit.

L'une qui bénéficie, l'autre qui est lésée.

Est-ce juste ?

Non.

La classe qui possède, qui commande, qui bénéficie, est-elle heureuse et libre ?

Non.

A-t-elle la sécurité du lendemain ?

Non.

La classe qui obéit est-elle subordonnée, lésée, honnie et méprisée, malheureuse et pauvre ?

Oui.

Philosophes, enseignez la science, législateurs et gouvernants, faites des lois et des décrets, papes, prêtres, prêchez l'Évangile, ministres, prônez le libre examen, rabbins, ne sortez pas de la Bible, faites des dogmes et des religions, interprétez les lois divines et humaines selon votre conscience, votre raison, votre justice ! Je vous le dis en vérité, tant que vous n'aurez pas fusionné ces deux classes, tant qu'il y aura sur cette terre, un seul homme qui prélèvera un centime sur le travail d'un homme, la justice, l'amour, la vérité, le bien-être ne seront pas de ce monde.

Au lieu de pratiquer le précepte divin : aimez-vous les uns les autres, nous pratiquerons la haine, la convoitise, la cupidité, la ruse, l'astuce, la domination, la honte, l'infamie.

Nous nous haïrons les uns les autres.

LES PATRONS.

Le patronnage ou établissement est le moyen que se propose tout travailleur, pour se délivrer, premièrement : de la domination des autres ; deuxièmement : de se créer des ressources pour vivre plus commodément, pour élever sa famille et pour se ménager quelques ressources pour ses vieux jours. Le nombre des patrons est limité par la nature des choses. Il faut, comme nous l'avons dit, pour pouvoir s'établir, quelques avances, des instruments de travail et l'universalité des travailleurs ne les possèdent pas. Ils ne peuvent les acquérir par des économies, puisque le salaire ne donne pas, en moyenne, le strict nécessaire.

Un grand nombre de travailleurs sont dans l'impossibilité de s'établir, il n'y a donc qu'un certain nombre de travailleurs qui peuvent le faire. Ce nombre est limité par la nature des choses. En voyant ces voyageurs pleins de jeunesse, d'énergie, de savoir, pleins de projets d'avenir, se mettre en route pour se créer la liberté, la dignité et un morceau de pain pour leurs vieux jours, un sentiment sympathique nous invite à leur donner une bonne poignée de main et à leur souhaiter une bonne réussite. Où vas-tu, ami? Je pars, je vais m'établir; bonne chance! Ami, j'espère en faire autant sous peu. Ces voyageurs arrivent-ils tous au but si légitime qu'ils se proposent? Non. La moitié, au moins? non. Le quart? Hélas non! Combien arriveront-ils à la liberté et au morceau de pain pour leurs vieux jours? Un sur cent, c'est possible. Qui sera cet heureux colon qui arrivera tout essoufflé, éreinté, après mille périls, après tant de fatigues, de tortures, d'insomnies, de faillites et de honte, souvent, au comble de ses vœux, à posséder enfin un morceau de pain, quand il n'aura plus de dents pour le broyer? Quel sera cet heureux travailleur? demandez-le au hasard, à la concurrence, au sort, car nul d'entre nous ne le sait. Mais, le travail c'est donc une loterie, où il n'y a qu'un billet gagnant, sur cent? Non. Le travail n'est pas une loterie, quelque chose du hasard, le travail est quelque chose de positif, quelque chose de réel, de vrai, quelque chose et la seule chose qui peut faire le bonheur des humains; mais, le travail organisé, solidarisé, assuré, et non le travail livré au hasard, à la concurrence, à la rapacité.

Des historiens fidèles ont pu faire le tableau de ces armées innombrables pleines d'enthousiasme, de bravoure et de discipline, qui s'élançaient à la conquête des empires, ils vous ont décrit leurs fatigues, leurs privations, leurs souffrances, la patience, la famine, l'épidémie, les massacres qui les déciment par milliers. Je déclare que tous les fléaux, toutes les misères, les privations et les déceptions des armées, ne sont rien en comparaison des noirs soucis, des souffrances, sans nombre et sans nom, qu'endure le travailleur qui veut arriver au but que nous avons indiqué, au morceau de pain et qu'après avoir traversé ce chemin de l'enfer, un seul arrive et quatre-vingt-dix-neuf restés en route, succombent à la tâche. Je m'en rapporte aux patrons.

L'OUVRIER.

L'ouvrier est dans des conditions plus pénibles encore; non seulement il a le souci éternel de son existence, mais il n'y a, pour lui, aucune perspective de mieux. Plus il considère l'avenir, plus cet avenir lui apparaît effrayant. La vieillesse et ses infirmités, la mendicité ou l'hospice quand il y a place, seul, isolé sans famille. Sans asile; toujours sous la domination d'un homme qu'il considère comme son ennemi, comme s'engraissant de son labeur; manquant de tout et toujours courbé, quand il travaille, sous un fardeau accablant, abrutissant; endurant le froid et la faim quand il chôme; exténué au physique, comprimé au moral, car la misère rend égoïste et dessèche le cœur; privé d'instruction et des moyens d'en acquérir, toujours souffrant et toujours maudissant, telle est sa condition. Cette condition n'est pas une fiction, une chimère, une illusion, une utopie ; c'est l'affreuse réalité, heur et malheur, c'est notre lot. Pères et mères de famille, j'en appelle à vos entrailles, n'avez–vous pas maudit, dans votre cœur, l'instant où vous avez donné le jour à votre enfant, n'avez-vous pas douté de la bonté de la providence ?

Les patrons sont malheureux ils veulent être heureux.

Les ouvriers veulent être heureux et ils sont malheureux.

Leur misère est commune, leur désir est le même, être heureux.

le patron subit la domination du client, de la concurrence, du créancier, du capital.

Le patron est esclave, il veut être libre.

L'ouvrier est sous la domination du patron, de la morte-saison, de la misère.

L'ouvrier est esclave et il veut être libre.

Ouvriers et patrons, tous veulent être libres et heureux.

MOYENS.

Nous connaissons la position respective des ouvriers et des patrons : misère, esclavage.

D'où vient le mal de ces deux classes de travailleurs? Le mal ne vient pas de ce que les patrons et les ouvriers travaillent, puisque le travail est la source indispensable de toute richesse et de toute liberté, de tout bien-être. Le mal vient de l'inorganisation du travail, de ce que ce travail est livré à l'aventure, au hasard, lequel hasard ne peut rien produire de bon. Le travail est désorganisé, il faut l'organiser ; c'est une machine à monter, dont il faut mettre chaque pièce à sa place ; c'est un monument à élever, il faut un plan, une base ; c'est l'orchestre discordant qui ne rend que des sons confus, il faut faire l'harmonie ; c'est le chaos, la confusion, il faut créer l'ordre, la vie, le mouvement.

Sur quelle base peut-on bâtir le nouvel édifice?

Sur la base de la justice.

Quelle est cette justice?

Assurer à tous et à toutes l'intégralité de son produit, tout son produit.

Mais dans l'état actuel, les patrons sont forcés, par la nature des choses, de prélever un bénéfice sur les ouvriers qu'ils occupent ; or, vous ne pourriez pas donner à chacun de ces ouvriers l'intégralité de son produit, tout son produit, sans causer la ruine des patrons.

J'ai dit que les patrons sont malheureux, esclaves.

J'ai dit que les ouvriers sont malheureux, esclaves.

J'ai dit que les patrons et les ouvriers veulent être libres et heureux.

C'est dire qu'il ne faut ni patrons, ni ouvriers, ni maîtres, ni esclaves.

C'est dire qu'il faut des égaux devant le travail, des conditions égales pour les travailleurs.

Le mal est l'inégalité des classes, l'inégalité des fonctions.

Le remède est la fusion des classes, l'égalité des fonctions.

Nous voulons remplacer le bénéfice par la justice; la domination, par l'égalité; la subordination par la liberté, la dignité, la responsabilité; l'incertitude, les chômages, les risques, par l'équilibre entre la production et la consommation, par l'assurance universelle, par l'égal échange.

TRANSITION.

Dans l'état actuel, les patrons prélèvent un bénéfice sur les ouvriers. Ce bénéfice est considérable, vu le grand nombre des patrons, à cause de l'extrême division qui existe dans la spécialité, et du morcellement du sol; ils sont considérables, à cause des frais d'installation, d'outils, de machines, logements, loyers, patente, feu, lumière, capitaux, non-valeurs, temps perdu, et gaspillé. Qui paie ces bénéfices, cet énorme gaspillage? Les ouvriers. Qu'est-ce qui en revient au patron? Presque rien, puisque un très-petit nombre d'entre eux arrivent à posséder quelque chose après vingt ans d'établissement et de tortures, après avoir enduré toutes sortes de misères et de déceptions.

Je propose de faire collectivement et par corporation, ce qui se fait tous les jours, individuellement.

Je propose d'acheter les instruments de travail que possédent les patrons, leur marchandise, leur clientèle à prix débattu, et d'en effectuer le payement au moyen d'une rente viagère ou annuelle, laquelle rente serait inscrite et garantie par l'État ; de rendre, par ce moyen, l'instrument du travail collectif, n'appartenant à personne en propre, et appartenant à l'universalité ; d'organiser la corporation et le commerce sur les bases de l'égalité et de la solidarité ; en un mot, l'achat général de tout ce qui constitue l'instrument du travail, moyennant indemnité équivalente à l'objet possédé. De combien serait la rente ou le paiement par annuité que les travailleurs associés, organisés, solidarisés, feraient au patron ? Cette rente ou ce payement, serait proportionné aux moyens, outils, machines, marchandises, clientèle de chacun de ces patrons. Indépendamment de cette . rente ou vente, ils pourraient toujours rentrer dans la corporation des travailleurs, sur les bases de l'égalité, être classés selon leur aptitude, et rétribués selon leurs œuvres.

Me dira-t-on que ce mode de transition serait onéreux aux ouvriers, que les patrons seraient trop exigeants, qu'ils voudraient vendre leur établissement à des prix fabuleux. Ne le pensez pas. Les patrons seront justes et accommodants, ils savent qu'ils n'ont en perspective qu'une concurrence ruineuse, qu'ils auraient la certitude de jouir des bienfaits de la corporation, que l'avenir de leurs enfants serait heureux et sûr.

Une seule crainte pourrait les faire hésiter; cette crainte serait que la rente ou le payement par annuité, ne fût pas assuré; mais cette crainte diparaîtra du jour où l'universalité des travailleurs serait l'État, et que l'État serait possesseur de l'instrument du travail.

Patrons, voulez-vous céder à prix débattu vos établissements à la corporation? Votre bien-être, le bien-être de vos enfants est assuré.

Ouvriers, voulez-vous être libres et heureux, ne relever que de vous-même? Achetons l'établissement des patrons, organisons la corporation, nous allons faire une rente à ceux qui furent nos maîtres, nous allons, par une transaction amiable, liquider le passé.

Cette rente ira s'amortissant tous les ans; car, en prenant les patrons dans une moyenne de trente ans, tous les ans la rente diminue. Dans une période de trente ans, notre affranchissement et celui de nos enfants se sera opéré sans avoir coûté une larme à l'humanité. Faut-il redire qu'aujourd'hui nous payons cette rente qui a nom: frais généraux, risques, concurrence, que nous la payons dix fois plus cher que ce que nous la payerions par une transaction amiable; que la corporation organisée, ainsi que la commune et l'unité du sol, réalise immédiatement une économie incalculable en logements, outils, lumière, entrepôts, bazars, intermédiaires: que dans cette organisation, les machines se multiplient à l'infini et fonctionnent à l'avantage de tous et de toutes ; que le travail doit se perfectionner et se multiplier d'une manière inouïe et donner, sous peu, une moyenne de bien-être à chacun, comme nul n'en a jamais possédé.

Il est vrai que, la transition opérée, le bonheur idéal, ne se réalise pas spontanément ; que la production actuelle est si peu de chose qu'il n'existe même pas le strict nécessaire pour chacun. Mais je le demande à tous et à toutes, n'est-il pas vrai que cette transition, toute de conciliation et de paix, change la perspective de misère et de crainte, en une perspective de sécurité, d'un bien-être toujours croissant ?

J'en appelle à l'unanimité.

DE LA RESPONSABILITÉ.

L'être humain est libre. C'est sa liberté qui fait la moralité ou l'immoralité de ses actes. Il examine, il délibère, il démontre et il est démontré Il ne peut et ne doit accepter que ce qui lui est rigoureusement démontré. Il ne peut et ne doit imposer la loi à personne. Il ne peut et ne doit la recevoir de personne. Tout ce qu'il propose ne constitue son droit que quand la chose soumise a été librement acceptée. Il n'est soumis à la chose qu'on lui a proposée qu'après qu'il l'a librement acceptée. Il est libre, il accepte ou il refuse; s'il accepte, il est responsable, sa responsabilité fait sa dignité.

J'en appelle à la raison de mes semblables, à la conscience universelle, est-il un être humain qui puisse contester cette formule?

Vivre, consommer tout ce qui est utile au développement des facultés humaines, c'est le droit.

Travailler, produire tout ce qui est utile au développement des facultés humaines, c'est le devoir.

Jouir du fruit de son travail, assurer à tous et à toutes, l'intégralité de son produit, c'est la justice.

J'en appelle à l'unanimité :

Prendre pour base cette formule, diriger l'éducation vers cette vérité, c'est être dans la loi morale de l'humanité, qui est le bien-être.

Avec cette boussole, l'être humain devient infaillible, c'est le phare qui éclaire, à l'aide duquel l'humanité gravitera librement vers sa destinée, LE BONHEUR !

FIN DE LA PREMIÈRE PARTIE.

Avril 1852.

Pierre-Napoléon DOMENJARIE,

Ouvrier tailleur.

Rue de Verneuil, 48, *faubourg Saint-Germain.*